EinFach
Deutsch

E. T. A. Hoffmann

Der goldne Topf

Ein Märchen aus der neuen Zeit

Von Simon Jander

Herausgegeben von
Johannes Diekhans

Bildnachweis

|akg-images GmbH, Berlin: Imagno / k. A. 114. |alamy images, Abingdon/ Oxfordshire: NMUIM 115. |Fischer, Fritz, München: 104. |Picture-Alliance GmbH, Frankfurt/M.: akg-images 94; SZ Photo / Neubauer, Manfred 116. |Schneider Verlag Hohengehren GmbH, Baltmannsweiler: In: Paul-Wolfgang Wührl: Das deutsche Kunstmärchen. Baltmannsweiler: Schneider Verlag Hohengehren 2003, S. 166 111. |SLUB/Deutsche Fotothek, Dresden: 112, 113. |Stadtmuseum Dresden, Dresden: Städtische Galerie Dresden – Kunstsammlung Museen der Stadt Dresden 115. |VG BILD-KUNST, Bonn: 2011 105.

Wir arbeiten sehr sorgfältig daran, für alle verwendeten Abbildungen die Rechteinhaberinnen und Rechteinhaber zu ermitteln. Sollte uns dies im Einzelfall nicht vollständig gelungen sein, werden berechtigte Ansprüche selbstverständlich im Rahmen der üblichen Vereinbarungen abgegolten.

westermann GRUPPE

Druck A^4 / Jahr 2021
Alle Drucke der Serie A sind im Unterricht parallel verwendbar.

Umschlaggestaltung: Jennifer Kirchhof
Druck und Bindung: Westermann Druck Zwickau GmbH

ISBN 978-3-14-**022430**-7

E.T.A. Hoffmann: Der goldne Topf

Der goldne Topf

Erste Vigilie[1]

Die Unglücksfälle des Studenten Anselmus. Des Konrektors Paul-
mann Sanitätsknaster[2] und die goldgrünen Schlangen.

Am Himmelfahrtstage[3], nachmittags um drei Uhr, rannte ein junger
Mensch in Dresden durchs Schwarze Tor[4], und geradezu in einen
5 Korb mit Äpfeln und Kuchen hinein, die ein altes hässliches Weib
feilbot, so, dass alles, was der Quetschung glücklich entgangen,
hinausgeschleudert wurde, und die Straßenjungen sich lustig in die
Beute teilten, die ihnen der hastige Herr zugeworfen. Auf das Zetergeschrei, das die Alte erhob, verließen die Gevatterinnen[5] ihre Ku-
10 chen- und Branntweintische, umringten den jungen Menschen und
schimpften mit pöbelhaftem Ungestüm auf ihn hinein, sodass er,
vor Ärger und Scham verstummend, nur seinen kleinen nicht eben
besonders gefüllten Geldbeutel hinhielt, den die Alte begierig ergriff
und schnell einsteckte. Nun öffnete sich der festgeschlossene Kreis,
15 aber indem der junge Mensch hinausschoss, rief ihm die Alte nach:
Ja, renne – renne nur zu, Satanskind – ins Kristall[6] bald dein Fall –
ins Kristall! – Die gellende, krächzende Stimme des Weibes hatte
etwas Entsetzliches, sodass die Spaziergänger verwundert
stillstanden, und das Lachen, das sich erst verbreitet, mit einem
20 Mal verstummte. – Der Student Anselmus (niemand anders war
der junge Mensch) fühlte sich, unerachtet er des Weibes sonderbare Worte durchaus nicht verstand, von einem unwillkürlichen
Grausen ergriffen, und er beflügelte noch mehr seine Schritte,

---

[1] (lat.) Nachtwache, Hoffmanns Bezeichnung für ,Kapitel'; eine solche Ka-
     pitelbezeichnung findet sich z. B. auch in dem berühmten, 1804 anonym
     erschienenen Roman *Die Nachtwachen* von Bonaventura.
[2] abwertend für schlechten Pfeifentabak
[3] christlicher Feiertag: Rückkehr Jesu Christi zu seinem Vater in den Him-
     mel; fällt immer auf einen Donnerstag fünfeinhalb Wochen nach Ostern
[4] Stadttor nördlich der Dresdener Altstadt (vgl. Stadtplan auf S. 112/113)
[5] die anderen Marktfrauen
[6] Flasche aus (Kristall-)Glas, Vorgriff auf spätere Geschehnisse

um sich den auf ihn gerichteten Blicken der neugierigen Menge zu
entziehen. Wie er sich nun durch das Gewühl geputzter Menschen
durcharbeitete, hörte er überall murmeln: „Der arme junge Mann
– Ei! – über das verdammte Weib!" – Auf ganz sonderbare Weise
5 hatten die geheimnisvollen Worte der Alten dem lächerlichen Abenteuer eine gewisse tragische Wendung gegeben, sodass man dem
vorhin ganz Unbemerkten jetzt teilnehmend nachsah. Die Frauen-
zimmer verziehen dem wohlgebildeten Gesichte, dessen Ausdruck
die Glut des innern Grimms noch erhöhte, sowie dem kräftigen
10 Wuchse des Jünglings alles Ungeschick, sowie den ganz aus dem
Gebiete aller Mode liegenden Anzug. Sein hechtgrauer Frack war
nämlich so zugeschnitten, als habe der Schneider, der ihn gearbeitet, die moderne Form nur vom Hörensagen gekannt, und das
schwarzatlasne[1] wohlgeschonte Unterkleid gab dem Ganzen einen
15 gewissen magistermäßigen[2] Stil, dem sich nun wieder Gang und
Stellung durchaus nicht fügen wollte. – Als der Student schon beinahe das Ende der Allee erreicht, die nach dem Linkischen Bade[3]
führt, wollte ihm beinahe der Atem ausgehen. Er war genötigt, lang-
samer zu wandeln; aber kaum wagte er den Blick in die Höhe zu
20 richten, denn noch immer sah er die Äpfel und Kuchen um sich
tanzen, und jeder freundliche Blick dieses oder jenes Mädchens
war ihm nur der Reflex des schadenfrohen Gelächters am Schwarzen Tor. So war er bis an den Eingang des Linkischen Bades gekommen; eine Reihe festlich gekleideter Menschen nach der andern zog
25 herein. Musik von Blasinstrumenten ertönte von innen, und immer
lauter und lauter wurde das Gewühl der lustigen Gäste. Die Tränen
wären dem armen Studenten Anselmus beinahe in die Augen getreten; denn auch er hatte, da der Himmelfahrtstag immer ein besonderes Familienfest für ihn gewesen, an der Glückseligkeit des Lin-
30 kischen Paradieses teilnehmen, ja er hatte es bis zu einer halben
Portion Kaffee mit Rum und einer Bouteille[4] Doppelbier treiben wol-

---

[1]   aus schwarzer, eher minderwertiger Seide hergestellt
[2]   im Stil höherer Amtsträger
[3]   vornehmes Gartenlokal mit Musik und Theater an der Elbe etwas außer-
      halb Dresdens (vgl. Abbildung auf S. 115)
[4]   (frz.) Flasche; besonders starkes, höherprozentiges Bier

len, und um so recht schlampampen[1] zu können, mehr Geld einge-
steckt, als eigentlich erlaubt und tunlich war. Und nun hatte ihn der
fatale Tritt in den Äpfelkorb um alles gebracht, was er bei sich getragen. An Kaffee, an Doppelbier, an Musik, an den Anblick der geputzten Mädchen – kurz! – an alle geträumten Genüsse war nicht
zu denken; er schlich langsam vorbei und schlug endlich den Weg
an der Elbe ein, der gerade ganz einsam war. Unter einem Holun-
derbaume, der aus der Mauer hervorgesprossen, fand er ein freund-
liches Rasenplätzchen; da setzte er sich hin und stopfte eine Pfeife
von dem Sanitätsknaster, den ihm sein Freund, der Konrektor Paulmann, geschenkt. – Dicht vor ihm plätscherten und rauschten die
goldgelben Wellen des schönen Elbstroms; hinter demselben
streckte das herrliche Dresden kühn und stolz seine lichten Türme
empor in den duftigen Himmelsgrund, der sich hinabsenkte auf die
blumigen Wiesen und frisch grünenden Wälder, und aus tiefer
Dämmerung gaben die zackichten Gebirge Kunde vom fernen Böh-
merlande. Aber finster vor sich hinblickend, blies der Student Anselmus die Dampfwolken in die Luft, und sein Unmut wurde endlich laut, indem er sprach: „Wahr ist es doch, ich bin zu allem möglichen Kreuz und Elend geboren! – Dass ich niemals Bohnenkönig[2]
geworden, dass ich im Paar oder Unpaar[3] immer falsch geraten,
dass mein Butterbrot immer auf die fette Seite gefallen, von allem
diesen Jammer will ich gar nicht reden; aber, ist es nicht ein schreck-
liches Verhängnis, dass ich, als ich denn doch nun dem Satan zum
Trotz Student geworden war, ein Kümmeltürke[4] sein und bleiben
musste? – Ziehe ich wohl je einen neuen Rock an, ohne gleich das
erste Mal einen Talgfleck hineinzubringen, oder mir an einem übel

---

[1] ausgiebig essen und trinken, schlemmen
[2] Nach einem altem Brauch wurde am Dreikönigstag (6. Januar) derjenige
     als ‚König' gefeiert, der die zu diesem Zweck in einem Kuchen eingeba-
     ckene Bohne in seinem Stück findet (heute teilweise noch in Frankreich
     zu finden).
[3] Spiel, in dem man erraten muss, ob die Summe z. B. mehrerer Geldstü-
     cke in einer Hand gerade oder ungerade ist
[4] früher abwertende Bezeichnung für einen Studenten, der aus der Nähe
     seiner Universität stammt und somit seiner provinziellen Herkunft ver-
     haftet bleibt (als Ausdruck geringer Weltkenntnis); „Kümmeltürkei" wur-
     de ursprünglich die Gegend um die Universitätsstadt Halle genannt.

eingeschlagenen Nagel ein verwünschtes Loch hineinzureißen?
Grüße ich wohl je einen Herrn Hofrat oder eine Dame, ohne den
Hut weit von mir zu schleudern, oder gar auf dem glatten Boden
auszugleiten und schändlich umzustülpen? Hatte ich nicht schon
5 in Halle jeden Markttag eine bestimmte Ausgabe von drei bis vier
Groschen für zertretene Töpfe, weil mir der Teufel in den Kopf setzt,
meinen Gang geradeaus zu nehmen, wie die Laminge[1]? Bin ich
denn ein einziges Mal ins Kollegium[2], oder wo man mich sonst
hinbeschieden, zu rechter Zeit gekommen? Was half es, dass ich
10 eine halbe Stunde vorher ausging, und mich vor die Tür hinstellte,
den Drücker in der Hand, denn so wie ich mit dem Glockenschlage
aufdrücken wollte, goss mir der Satan ein Waschbecken über den
Kopf, oder ließ mich mit einem Heraustretenden zusammenren-
nen, dass ich in tausend Händel[3] verwickelt wurde und darüber al-
15 les versäumte. – Ach! ach! Wo seid ihr hin, ihr seligen Träume künftigen Glücks, wie ich stolz wähnte, ich könnte es wohl hier noch bis
zum geheimen Sekretär bringen! Aber hat mir mein Unstern nicht
die besten Gönner verfeindet? – Ich weiß, dass der Geheime Rat[4],
an den ich empfohlen bin, verschnittenes Haar[5] nicht leiden mag;
20 mit Mühe befestigt der Friseur einen kleinen Zopf an meinem Hin-
terhaupt, aber bei der ersten Verbeugung springt die unglückselige
Schnur, und ein munterer Mops, der mich umschnüffelt, apportiert
im Jubel das Zöpfchen dem Geheimen Rate. Ich springe erschro-
cken nach und stürze über den Tisch, an dem er frühstückend gear-
25 beitet hat, sodass Tassen, Teller, Tintenfass – Sandbüchse[6] klirrend
herabstürzen, und der Strom von Schokolade und Tinte sich über
die eben geschriebene Relation[7] ergießt. „Herr, sind Sie des Teufels?", brüllt der erzürnte Geheime Rat und schiebt mich zur Tür
hinaus. – Was hilft es, dass mir der Konrektor Paulmann Hoffnung

---

[1] Lemminge (Wühlmäuse), dafür bekannt, dass sie (bei Nahrungsmangel)
    auf ihren massenhaften Wanderungen Hindernissen nicht ausweichen
[2] hier: Unterrichtsstunde oder Vorlesung an der Universität
[3] Streitigkeiten
[4] hoher politischer Posten, der direkt dem Fürsten unterstand
[5] kurz geschnittenes Haar im Gegensatz zum Zopf (= der adeligen Frisur)
[6] für Streusand zum Trocknen der Tinte
[7] (lat.) hier: Bericht

zu einem Schreiberdienste gemacht hat, wird es denn mein Unstern zulassen, der mich überall verfolgt! – Nur noch heute! – Ich
wollte den lieben Himmelfahrtstag recht in der Gemütlichkeit feiern, ich wollte ordentlich was daraufgehen lassen. Ich hätte ebenso
gut wie jeder andere Gast in Linkes Bade stolz rufen können: Mar-
queur[1] – eine Flasche Doppelbier – aber vom besten bitte ich! – Ich
hätte bis spät abends sitzen können, und noch dazu ganz nahe bei
dieser oder jener Gesellschaft herrlich geputzter schöner Mädchen.
Ich weiß es schon, der Mut wäre mir gekommen, ich wäre ein ganz
anderer Mensch geworden; ja, ich hätte es so weit gebracht, dass,
wenn diese oder jene gefragt: Wie spät mag es wohl jetzt sein?
Oder: Was ist denn das, was sie spielen? Da wäre ich mit leichtem
Anstande aufgesprungen, ohne mein Glas umzuwerfen oder über
die Bank zu stolpern; mich in gebeugter Stellung anderthalb Schritte
vorwärts bewegend, hätte ich gesagt: Erlauben Sie, Mademoiselle,
Ihnen zu dienen, es ist die Ouvertüre aus dem Donauweibchen[2],
oder: es wird gleich sechs Uhr schlagen. – Hätte mir das ein Mensch
in der Welt übel deuten können? – Nein!, sage ich, die Mädchen
hätten sich so schalkhaft lächelnd angesehen, wie es wohl zu geschehen pflegt, wenn ich mich ermutige zu zeigen, dass ich mich
auch wohl auf den leichten Weltton verstehe und mit Damen umzu-
gehen weiß. Aber da führt mich der Satan in den verwünschten
Äpfelkorb, und nun muss ich in der Einsamkeit meinen Sanitätsknaster –" Hier wurde der Student Anselmus in seinem Selbstge-
spräche durch ein sonderbares Rieseln und Rascheln unterbrochen,
das sich dicht neben ihm im Grase erhob, bald aber in die Zweige
und Blätter des Holunderbaums hinaufglitt, der sich über seinem
Haupte wölbte. Bald war es, als schüttle der Abendwind die Blätter,
bald, als kos'ten[3] Vögelein in den Zweigen, die kleinen Fittige[4] im
mutwilligen Hin- und Herflattern rührend. – Da fing es an zu flüstern und zu lispeln, und es war, als ertönten die Blüten wie aufge-
hangene Kristallglöckchen. Anselmus horchte und horchte. Da wur-

---

[1] (frz.) Kellner
[2] (instrumentale Eröffnung einer) Oper von Ferdinand Knauer (1751–1831)
[3] turteln
[4] Flügel

de, er wusste selbst nicht wie, das Gelispel und Geflüster und Geklingel zu leisen halbverwehten Worten:

„Zwischendurch – zwischenein – zwischen Zweigen, zwischen schwellenden Blüten, schwingen, schlängeln, schlingen wir uns –
5 Schwesterlein – Schwesterlein, schwinge dich im Schimmer – schnell, schnell herauf – herab – Abendsonne schießt Strahlen, zischelt der Abendwind – raschelt der Tau – Blüten singen – rühren wie Zünglein, singen wir mit Blüten und Zweigen – Sterne bald glänzen – müssen herab – zwischendurch, zwischenein schlän-
10 geln, schlingen, schwingen wir uns, Schwesterlein." –
So ging es fort im Sinne verwirrender Rede. Der Student Anselmus dachte: das ist denn doch nur der Abendwind, der heute mit ordentlich verständlichen Worten flüstert. – Aber in dem Augenblick ertönte es über seinem Haupte, wie ein Dreiklang heller Kristallglo-
15 cken; er schaute hinauf und erblickte drei in grünem Gold erglänzende Schlänglein, die sich um die Zweige gewickelt hatten, und die Köpfchen der Abendsonne entgegenstreckten. Da flüsterte und lispelte es von Neuem in jenen Worten, und die Schlänglein schlüpften und kos'ten auf und nieder durch die Blätter und
20 Zweige, und wie sie sich so schnell rührten, da war es, als streue der Holunderbusch tausend funkelnde Smaragde durch seine dunklen Blätter. „Das ist die Abendsonne, die so in dem Holunderbusch spielt", dachte der Student Anselmus, aber da ertönten die Glocken wieder, und Anselmus sah, wie eine Schlange ihr Köpf-
25 chen nach ihm herabstreckte. Durch alle Glieder fuhr es ihm wie ein elektrischer Schlag, er erbebte im Innersten – er starrte hinauf, und ein Paar herrliche dunkelblaue Augen blickten ihn an mit unaussprechlicher Sehnsucht, sodass ein nie gekanntes Gefühl der höchsten Seligkeit und des tiefsten Schmerzes seine Brust zer-
30 sprengen wollte. Und wie er voll heißen Verlangens immer in die holdseligen Augen schaute, da ertönten stärker in lieblichen Akkorden die Kristallglocken, und die funkelnden Smaragde fielen auf ihn herab und umspannen ihn, in tausend Flämmchen um ihn herflackernd und spielend mit schimmernden Goldfaden. Der Holun-
35 derbusch rührte sich und sprach: „Du lagst in meinem Schatten, mein Duft umfloss dich, aber du verstandest mich nicht. Der Duft ist meine Sprache, wenn ihn die Liebe entzündet." Der Abendwind

strich vorüber und sprach: „Ich umspielte deine Schläfe, aber du verstandest mich nicht, der Hauch ist meine Sprache, wenn ihn die Liebe entzündet." Die Sonnenstrahlen brachen durch das Gewölk, und der Schein brannte wie in Worten: „Ich umgoss dich mit glü-
5 hendem Gold, aber du verstandest mich nicht; Glut ist meine Sprache, wenn sie die Liebe entzündet."
Und immer inniger und inniger versunken in den Blick des herrlichen Augenpaars, wurde heißer die Sehnsucht, glühender das Verlangen. Da regte und bewegte sich alles, wie zum frohen Leben
10 erwacht. Blumen und Blüten dufteten um ihn her, und ihr Duft war wie herrlicher Gesang von tausend Flötenstimmen, und was sie gesungen, trugen im Widerhall die goldenen vorüberfliehenden Abendwolken in ferne Lande. Aber als der letzte Strahl der Sonne schnell hinter den Bergen verschwand, und nun die Dämmerung
15 ihren Flor[1] über die Gegend warf, da rief, wie aus weiter Ferne, eine raue tiefe Stimme:
„Hei, hei, was ist das für ein Gemunkel und Geflüster da drüben? – Hei, hei, wer sucht mir doch den Strahl hinter den Bergen! – Genug gesonnt, genug gesungen. – Hei, hei, durch Busch und Gras – durch
20 Gras und Strom! – Hei, – hei – Her u-u-u nter – Her u-u-u nter!" –
So verschwand die Stimme wie im Murmeln eines fernen Donners, aber die Kristallglocken zerbrachen im schneidenden Misston. Alles war verstummt, und Anselmus sah, wie die drei Schlangen schimmernd und blinkend durch das Gras nach dem Strome
25 schlüpften; rischelnd und raschelnd stürzten sie sich in die Elbe, und über den Wogen, wo sie verschwunden, knisterte ein grünes Feuer empor, das in schiefer Richtung nach der Stadt zu leuchtend verdampfte.

Zweite Vigilie

Wie der Student Anselmus für betrunken und wahnwitzig gehalten wurde. – Die Fahrt über die Elbe. – Die Bravour-Arie des Kapellmeisters Graun. – Conradis Magenlikör und das bronzierte Äpfelweib.

---

[1] Schleier aus dünnem Stoff

„Der Herr ist wohl nicht recht bei Troste!", sagte eine ehrbare Bürgersfrau, die vom Spaziergange mit der Familie heimkehrend, still stand, und mit übereinandergeschlagenen Armen dem tollen Treiben des Studenten Anselmus zusah. *Der* hatte nämlich den Stamm
5 des Holunderbaumes umfasst und rief unaufhörlich in die Zweige und Blätter hinein: „O nur noch einmal blinket und leuchtet, ihr lieblichen goldnen Schlänglein, nur noch einmal lasst eure Glockenstimmchen hören! Nur noch einmal blicket mich an, ihr holdseligen blauen Augen, nur noch einmal, ich muss ja sonst verge-
10 hen in Schmerz und heißer Sehnsucht!" Und dabei seufzte und ächzte er aus der tiefsten Brust recht kläglich, und schüttelte vor Verlangen und Ungeduld den Holunderbaum, der aber statt aller Antwort nur ganz dumpf und unvernehmlich mit den Blättern rauschte und so den Schmerz des Studenten Anselmus ordentlich
15 zu verhöhnen schien. – „Der Herr ist wohl nicht recht bei Troste", sagte die Bürgersfrau, und dem Anselmus war es so, als würde er aus einem tiefen Traum gerüttelt oder gar mit eiskaltem Wasser begossen, um ja recht jähling zu erwachen. Nun sah er erst wieder deutlich, wo er war, und besann sich, wie ein sonderbarer Spuk ihn
20 geneckt und gar dazu getrieben habe, ganz allein für sich selbst in laute Worte auszubrechen. Bestürzt blickte er die Bürgersfrau an und griff endlich nach dem Hute, der zur Erde gefallen, um davonzueilen. Der Familienvater war unterdessen auch herangekommen und hatte, nachdem er das Kleine, das er auf dem Arm getragen,
25 ins Gras gesetzt, auf seinen Stock sich stützend mit Verwunderung dem Studenten zugehört und zugeschaut. Er hob jetzt Pfeife und Tabaksbeutel auf, die der Student fallen lassen, und sprach, beides ihm hinreichend: „Lamentier'[1] der Herr nicht so schrecklich in der Finsternis, und vexier'[2] er nicht die Leute, wenn ihm sonst nichts
30 fehlt, als dass er zu viel ins Gläschen geguckt – geh' er fein ordentlich zu Hause und leg' er sich aufs Ohr!" Der Student Anselmus schämte sich sehr, er stieß ein weinerliches Ach! aus. – „Nun, nun", fuhr der Bürgersmann fort, „lass' es der Herr nur gut sein, so was geschieht dem Besten, und am lieben Himmelfahrtstage kann

---

[1] (lat.) Klag' (Befehlsform)
[2] (lat.) belästige, störe

man wohl in der Freude seines Herzens ein Schlückchen über den Durst tun. Das passiert auch wohl einem Manne Gottes – der Herr ist ja doch wohl ein Kandidat[1]. – Aber wenn es der Herr erlaubt, stopf' ich mir ein Pfeifchen von seinem Tabak, meiner ist mir da

5 droben ausgegangen." Dies sagte der Bürger, als der Student Anselmus schon Pfeife und Beutel einstecken wollte, und nun reinigte der Bürger langsam und bedächtig seine Pfeife, und fing eben so langsam an zu stopfen. Mehrere Bürgermädchen waren dazugetreten, die sprachen heimlich mit der Frau und kicherten miteinan-

10 der, indem sie den Anselmus ansahen. *Dem* war es, als stände er auf lauter spitzigen Dornen und glühenden Nadeln. Sowie er nur Pfeife und Tabaksbeutel erhalten, rannte er spornstreichs davon. Alles was er Wunderbares gesehen, war ihm rein aus dem Gedächtnis geschwunden, und er besann sich nur, dass er unter dem Ho-

15 lunderbaum allerlei tolles Zeug ganz laut geschwatzt, was ihm denn umso entsetzlicher war, als er von jeher einen innerlichen Abscheu gegen alle Selbstredner gehegt. Der Satan schwatzt aus ihnen, sagte sein Rektor, und daran glaubte er auch in der Tat. Für einen am Himmelfahrtstage betrunkenen Candidatus theologiae

20 gehalten zu werden, der Gedanke war ihm unerträglich. Schon wollte er in die Pappelallee bei dem Kosel'schen Garten[2] einbiegen, als eine Stimme hinter ihm herrief: „Herr Anselmus! Herr Anselmus! Wo rennen Sie denn um tausend Himmelswillen hin in solcher Hast!" Der Student blieb wie in den Boden gewurzelt stehen,

25 denn er war überzeugt, dass nun gleich ein neues Unglück auf ihn einbrechen werde. Die Stimme ließ sich wieder hören: „Herr Anselmus, so kommen Sie doch zurück, wir warten hier am Wasser!" – Nun vernahm der Student erst, dass es sein Freund der Konrektor[3] Paulmann war, der ihn rief; er ging zurück an die Elbe, und fand

30 den Konrektor mit seinen beiden Töchtern, sowie den Registrator[4] Heerbrand, wie sie eben im Begriff waren, in eine Gondel zu steigen. Der Konrektor Paulmann lud den Studenten ein, mit ihm über

---

[1] hier: Theologiestudent im höheren Semester
[2] öffentliche Gartenanlage an der Elbe in der Dresdner Neustadt (vgl. Stadtplan auf S. 112/113)
[3] stellvertretender Schulleiter
[4] Angestellter bei einer Rechtskanzlei, sortiert und registriert Akten

die Elbe zu fahren, und dann in seiner auf der Pirnaer Vorstadt[1] gelegenen Wohnung abends über bei ihm zu bleiben. Student Anselmus nahm das recht gern an, weil er denn doch so dem bösen Verhängnis, das heute über ihn walte, zu entrinnen glaubte. Als sie
5 nun über den Strom fuhren, begab es sich, dass auf dem jenseitigen Ufer bei dem Anton'schen Garten ein Feuerwerk abgebrannt wurde. Prasselnd und zischend fuhren die Raketen in die Höhe und die leuchtenden Sterne zersprangen in den Lüften, tausend knisternde Strahlen und Flammen um sich sprühend. Der Student
10 Anselmus saß in sich gekehrt bei dem rudernden Schiffer, als er nun aber im Wasser den Widerschein der in der Luft herumsprühenden und knisternden Funken und Flammen erblickte; da war es ihm, als zögen die goldnen Schlänglein durch die Flut. Alles, was er unter dem Holunderbaum Seltsames geschaut, trat wieder leben-
15 dig in Sinn und Gedanken, und aufs Neue ergriff ihn die unaussprechliche Sehnsucht, das glühende Verlangen, welches dort seine Brust in krampfhaft schmerzvollem Entzücken erschüttert. „Ach, seid ihr es denn wieder, ihr goldenen Schlänglein, singt nur, singt! In eurem Gesange erscheinen ja wieder die holden lieblichen
20 dunkelblauen Augen – ach, seid ihr denn unter den Fluten!" – So rief der Student Anselmus und machte dabei eine heftige Bewegung, als wolle er sich gleich aus der Gondel in die Flut stürzen. „Ist der Herr des Teufels?", rief der Schiffer, und erwischte ihn beim Rockschoß[2]. Die Mädchen, welche bei ihm gesessen, schrien im
25 Schreck auf und flüchteten auf die andere Seite der Gondel; der Registrator Heerbrand sagte dem Konrektor Paulmann etwas ins Ohr, worauf dieser mehreres antwortete, wovon der Student Anselmus aber nur die Worte verstand: „Dergleichen Anfälle – noch nicht bemerkt?" – Gleich nachher stand auch der Konrektor Paul-
30 mann auf und setzte sich mit einer gewissen ernsten gravitätischen[3] Amtsmiene zu dem Studenten Anselmus, seine Hand nehmend und sprechend: „Wie ist Ihnen, Herr Anselmus?" Dem Studenten Anselmus vergingen beinahe die Sinne, denn in seinem

---

[1] Dresdner Stadtteil östlich der inneren Altstadt (vgl. Stadtplan auf S. 112/113)
[2] die zwei Verlängerungen des Rückteils der Herrenjacke
[3] hier: würdevollen, steifen

Innern erhob sich ein toller Zwiespalt, den er vergebens beschwich-
tigen wollte. Er sah nun wohl deutlich, dass das, was er für das
Leuchten der goldenen Schlänglein gehalten, nur der Widerschein
des Feuerwerks bei Antons Garten war; aber ein nie gekanntes Ge-
⁵ fühl, er wusste selbst nicht, ob Wonne, ob Schmerz, zog krampfhaft seine Brust zusammen, und wenn der Schiffer nun so mit dem
Ruder ins Wasser hineinschlug, dass es wie im Zorn sich empor-
kräuselnd plätscherte und rauschte, da vernahm er in dem Getöse
ein heimliches Lispeln und Flüstern: „Anselmus! Anselmus! Siehst
¹⁰ du nicht, wie wir stets vor dir herziehen? – Schwesterlein blickt dich
wohl wieder an – glaube – glaube – glaube an uns." – Und es war
ihm, als säh' er im Widerschein drei grün glühende Streife. Aber als
er dann recht wehmütig ins Wasser hineinblickte, ob nun nicht die
holdseligen Augen aus der Flut herausschauen würden, da ge-
¹⁵ wahrte er wohl, dass der Schein nur von den erleuchteten Fenstern
der nahen Häuser herrührte. Schweigend saß er da und im Innern
mit sich kämpfend; aber der Konrektor Paulmann sprach noch heftiger: „Wie ist Ihnen, Herr Anselmus?" Ganz kleinmütig antwortete
der Student: „Ach, lieber Herr Konrektor, wenn Sie wüssten, was
²⁰ ich eben unter einem Holunderbaum bei der Linke'schen Garten-
mauer ganz wachend mit offnen Augen für ganz besondere Dinge
geträumt habe, ach, Sie würden mir es gar nicht verdenken, dass
ich so gleichsam abwesend –" „Ei, ei, Herr Anselmus", fiel der
Konrektor Paulmann ein, „ich habe Sie immer für einen soliden
²⁵ jungen Mann gehalten, aber träumen – mit hellen offenen Augen
träumen, und dann mit einem Mal ins Wasser springen wollen; das
– verzeihen Sie mir, können nur Wahnwitzige oder Narren!" – Der
Student Anselmus wurde ganz betrübt über seines Freundes harte
Rede; da sagte Paulmanns älteste Tochter Veronika, ein recht hüb-
³⁰ sches blühendes Mädchen von sechzehn Jahren: „Aber, lieber Vater! Es muss dem Herrn Anselmus doch was Besonderes begegnet
sein, und er glaubt vielleicht nur, dass er gewacht habe, unerachtet
er unter dem Holunderbaum wirklich geschlafen und ihm allerlei
närrisches Zeug vorgekommen, was ihm noch in Gedanken liegt."
³⁵ – „Und, teuerste Mademoiselle, werter Konrektor!", nahm der Registrator Heerbrand das Wort, „sollte man denn nicht auch wachend in einen gewissen träumerischen Zustand versinken kön-

nen? So ist mir in der Tat selbst einmal nachmittags beim Kaffee in einem solchen Hinbrüten, dem eigentlichen Moment körperlicher und geistiger Verdauung, die Lage eines verlornen Aktenstücks wie durch Inspiration eingefallen, und nur noch gestern tanzte auf glei-
5 che Weise eine herrliche große lateinische Frakturschrift[1] vor meinen hellen offenen Augen umher." „Ach, geehrtester Registrator", erwiderte der Konrektor Paulmann, „Sie haben immer solch einen Hang zu den Poeticis[2] gehabt, und da verfällt man leicht in das Fantastische und Romanhafte." Aber dem Studenten Anselmus tat
10 es wohl, dass man sich seiner in der höchst betrübten Lage, für betrunken oder wahnwitzig gehalten zu werden, annahm, und unerachtet es ziemlich finster geworden, glaubte er doch zum ersten Male zu bemerken, wie Veronika recht schöne dunkelblaue Augen habe, ohne dass ihm jedoch jenes wunderbare Augenpaar, das er
15 in dem Holunderbaum geschaut, in Gedanken kam. Überhaupt war dem Studenten Anselmus mit einem Mal nun wieder das Abenteuer unter dem Holunderbaum ganz verschwunden, er fühlte sich so leicht und froh, ja er trieb es wie im lustigen Übermute so weit, dass er bei dem Heraussteigen aus der Gondel seiner
20 Schutzrednerin Veronika die hülfreiche Hand bot, und ohne weiteres, als sie ihren Arm in den seinigen hing, sie mit so vieler Geschicklichkeit und so vielem Glück zu Hause führte, dass er nur ein einziges Mal ausglitt, und da es gerade der einzige schmutzige Fleck auf dem ganzen Wege war, Veronikas weißes Kleid nur ganz
25 wenig bespritzte. Dem Konrektor Paulmann entging die glückliche Änderung des Studenten Anselmus nicht, er gewann ihn wieder lieb, und bat ihn der harten Worte wegen, die er vorhin gegen ihn fallen lassen, um Verzeihung. „Ja!", fügte er hinzu, „man hat wohl Beispiele, dass oft gewisse Phantasmata dem Menschen vorkom-
30 men und ihn ordentlich ängstigen und quälen können, das ist aber körperliche Krankheit, und es helfen Blutigel, die man, salva venia[3], dem Hintern appliziert[4], wie ein berühmter bereits verstorbener

---

[1] alte, oft verschnörkelte, dabei aber eckige (d. h. nicht fließende) Druckschrift (gebräuchlich bis ins frühe 20. Jh. hinein)
[2] (lat.) Dichter bzw. Dichtkunst
[3] (lat.) mit Verlaub
[4] hier: (sich am ‚Hintern') festsetzen lässt

Gelehrter bewiesen." Der Student Anselmus wusste nun in der Tat selbst nicht, ob er betrunken, wahnwitzig oder krank gewesen, auf jeden Fall schienen ihm aber die Blutigel ganz unnütz, da die etwaigen Phantasmata gänzlich verschwunden und er sich immer heiterer fühlte, je mehr es ihm gelang, sich in allerlei Artigkeiten um die hübsche Veronika zu bemühen. Es wurde wie gewöhnlich nach der frugalen[1] Mahlzeit Musik gemacht; der Student Anselmus musste sich ans Klavier setzen und Veronika ließ ihre helle klare Stimme hören. – „Werte Mademoiselle", sagte der Registrator Heerbrand, „Sie haben eine Stimme, wie eine Kristallglocke!" – „Das nun wohl nicht!", fuhr es dem Studenten heraus, er wusste selbst nicht wie, und alle sahen ihn verwundert und betroffen an. – „Kristallglocken tönen in Holunderbäumen wunderbar! Wunderbar!", fuhr der Student Anselmus halbleise murmelnd fort. Da legte Veronika ihre Hand auf seine Schulter und sagte: „Was sprechen Sie denn da, Herr Anselmus?" Gleich wurde der Student wieder ganz munter und fing an zu spielen. Der Konrektor Paulmann sah ihn finster an, aber der Registrator Heerbrand legte ein Notenblatt auf das Pult und sang zum Entzücken eine Bravour-Arie[2] vom Kapellmeister Graun. Der Student Anselmus akkompagnierte[3] noch manches, und ein fugiertes Duett[4], das er mit Veronika vortrug und das der Konrektor Paulmann selbst komponiert, setzte alles in die fröhlichste Stimmung. Es war ziemlich spät worden und der Registrator Heerbrand griff nach Hut und Stock, da trat der Konrektor Paulmann geheimnisvoll zu ihm hin und sprach: „Ei, wollten Sie nicht, geehrter Registrator, dem guten Herrn Anselmus selbst – nun! Wovon wir vorhin sprachen –" „Mit tausend Freuden", erwiderte der Registrator Heerbrand, und begann, nachdem sie sich im Kreise gesetzt, ohne Weiteres in folgender Art: „Es ist hier am Orte ein alter wunderlicher merkwürdiger Mann, man sagt, er treibe allerlei geheime Wissenschaften, da es nun aber dergleichen eigentlich nicht gibt, so halte ich ihn eher für einen for-

---

[1] einfachen, schlichten
[2] Gesangssolo, das großes technisches Können erfordert (stammt hier vom Komponisten Karl Heinrich Graun)
[3] begleitete (auf dem Klavier)
[4] Duett in der Form der Fuge

schenden Antiquar[1], auch wohl nebenher für einen experimentie-
renden Chemiker. Ich meine niemand andern als unsern Geheimen
Archivarius[2] Lindhorst. Er lebt, wie Sie wissen, einsam in seinem
entlegenen alten Hause, und wenn ihn der Dienst nicht beschäf-
5 tigt, findet man ihn in seiner Bibliothek oder in seinem chemischen
Laboratorio, wo er aber niemanden hineinlässt. Er besitzt außer
vielen seltenen Büchern eine Anzahl zum Teil arabischer, kop-
tischer[3], und gar in sonderbaren Zeichen, die keiner bekannten
Sprache angehören, geschriebener Manuskripte. Diese will er auf
10 geschickte Weise kopieren lassen, und es bedarf dazu eines Mannes, der sich darauf versteht, mit der Feder zu zeichnen, um mit
der höchsten Genauigkeit und Treue alle Zeichen auf Pergament[4],
und zwar mit Tusche, übertragen zu können. Er lässt in einem besondern Zimmer seines Hauses unter seiner Aufsicht arbeiten,
15 bezahlt außer dem freien Tisch während der Arbeit jeden Tag einen
Speziestaler[5], und verspricht noch ein ansehnliches Geschenk,
wenn die Abschriften glücklich beendet. Die Zeit der Arbeit ist täglich von zwölf bis sechs Uhr. Von drei bis vier Uhr wird geruht und
gegessen. Da er schon mit ein paar jungen Leuten vergeblich den
20 Versuch gemacht hat, jene Manuskripte kopieren zu lassen, so hat
er sich endlich an mich gewendet, ihm einen geschickten Zeichner
zuzuweisen; da habe ich an Sie gedacht, lieber Herr Anselmus,
denn ich weiß, dass Sie sowohl sehr sauber schreiben, als auch mit
der Feder zierlich und rein zeichnen. Wollen Sie daher in dieser
25 schlechten Zeit und bis zu Ihrer etwaigen Anstellung den Speziestaler täglich verdienen und das Geschenk obendrein, so bemühen
Sie sich morgen Punkt zwölf Uhr zu dem Herrn Archivarius,
dessen Wohnung Ihnen bekannt sein wird. – Aber hüten Sie sich ja
vor jedem Tintenflecken; fällt er auf die Abschrift, so müssen Sie
30 ohne Gnade von vorn anfangen, fällt er auf das Original, so ist der
Herr Archivarius imstande, Sie zum Fenster hinauszuwerfen, denn

---

[1] hier: Altertumsforscher
[2] Titel des Leiters des königlichen Archivs
[3] ägyptischer (letzte Form der ägyptischen Sprache, wurde bis in das 17. Jh.
     verwendet)
[4] wertvolles Beschreibmaterial aus Tierhaut, Vorläufer des Papiers
[5] Silbermünze

es ist ein zorniger Mann." – Der Student Anselmus war voll inniger Freude über den Antrag des Registrators Heerbrand; denn nicht allein, dass er sauber schrieb und mit der Feder zeichnete, so war es auch seine wahre Passion[1], mit mühsamem kalligraphischem[2] Aufwande abzuschreiben; er dankte daher seinen Gönnern in den verbindlichsten Ausdrücken und versprach, die morgende Mittagsstunde nicht zu versäumen. In der Nacht sah der Student Anselmus nichts als blanke Speziestaler und hörte ihren lieblichen Klang. – Wer mag das dem Armen verargen, der um so manche Hoffnung durch ein launisches Missgeschick betrogen, jeden Heller zu Rate halten und manchem Genuss, den jugendliche Lebenslust forderte, entsagen musste. Schon am frühen Morgen suchte er seine Bleistifte, seine Rabenfedern, seine chinesische Tusche zusammen; denn besser, dachte er, kann der Herr Archivarius keine Materialien erfinden. Vor allen Dingen musterte und ordnete er seine kalligrafischen Meisterstücke und seine Zeichnungen, um sie dem Archivarius, zum Beweis seiner Fähigkeit, das Verlangte zu erfüllen, aufzuweisen. Alles ging glücklich vonstatten, ein besonderer Glücksstern schien über ihn zu walten, die Halsbinde saß gleich beim ersten Umknüpfen, wie sie sollte, keine Naht platzte, keine Masche zerriss in den schwarzseidenen Strümpfen, der Hut fiel nicht noch einmal in den Staub, als er schon sauber abgebürstet. – Kurz! – Punkt halb zwölf Uhr stand der Student Anselmus in seinem hechtgrauen Frack und seinen schwarzatlasnen Unterkleidern, eine Rolle Schönschriften und Federzeichnungen in der Tasche, schon auf der Schlossgasse in Conradis Laden[3] und trank – eins – zwei Gläschen des besten Magenlikörs, denn hier, dachte er, indem er auf die annoch[4] leere Tasche schlug, werden bald Speziestaler erklingen. Unerachtet des weiten Weges bis in die einsame Straße, in der sich das uralte Haus des Archivarius Lindhorst befand, war der Student Anselmus doch vor zwölf Uhr an der Haustür. Da stand er und schaute den großen bronzenen Türklopfer an; aber als er nun auf den letzten

---

[1] Leidenschaft, Vorliebe
[2] der Kunst des Schönschreibens entsprechenden
[3] eine Konditorei in der Schlossgasse (vgl. Stadtplan auf S. 112/113)
[4] altertümlich für „noch"

die Luft mit mächtigem Klange durchbebenden Schlag der Turmuhr an der Kreuzkirche den Türklopfer ergreifen wollte, da verzog sich das metallene Gesicht im ekelhaften Spiel blau glühender Lichtblicke zum grinsenden Lächeln. Ach!, es war ja das Äpfelweib vom

5 Schwarzen Tor! Die spitzigen Zähne klappten in dem schlaffen Maule zusammen, und in dem Klappern schnarrte es: „Du Narre – Narre – Narre – warte, warte! Warum warst hinausgerannt! Narre!" – Entsetzt taumelte der Student Anselmus zurück, er wollte den Türpfosten ergreifen, aber seine Hand erfasste die Klingelschnur und zog

10 sie an, da läutete es stärker und stärker in gellenden Misstönen, und durch das ganze öde Haus rief und spottete der Widerhall: „Bald dein Fall ins Kristall!" – Den Studenten Anselmus ergriff ein Grausen, das im krampfhaften Fieberfrost durch alle Glieder bebte. Die Klingelschnur senkte sich hinab und wurde zur weißen durchsich-

15 tigen Riesenschlange, die umwand und drückte ihn, fester und fester ihr Gewinde schnürend, zusammen, dass die mürben zermalmten Glieder knackend zerbröckelten und sein Blut aus den Adern spritzte, eindringend in den durchsichtigen Leib der Schlange und ihn rot färbend. – „Töte mich, töte mich!", wollte er schreien in der

20 entsetzlichen Angst, aber sein Geschrei war nur ein dumpfes Röcheln. – Die Schlange erhob ihr Haupt und legte die lange spitzige Zunge von glühendem Erz auf die Brust des Anselmus, da zerriss ein schneidender Schmerz jählings die Pulsader des Lebens und es vergingen ihm die Gedanken. – Als er wieder zu sich selbst kam, lag

25 er auf seinem dürftigen Bettlein, vor ihm stand aber der Konrektor Paulmann und sprach: „Was treiben Sie denn um des Himmels Willen für tolles Zeug, lieber Herr Anselmus!"

Dritte Vigilie

Nachrichten von der Familie des Archivarius Lindhorst. – Veronikas blaue Augen. – Der Registrator Heerbrand.

„Der Geist schaute auf das Wasser, da bewegte es sich und brauste in schäumenden Wogen, und stürzte sich donnernd in die Abgrün-

5 de, die ihre schwarzen Rachen aufsperrten, es gierig zu verschlingen. Wie triumphierende Sieger hoben die Granitfelsen ihre za-

ckicht gekrönten Häupter empor, das Tal schützend, bis es die Sonne in ihren mütterlichen Schoß nahm und es umfassend mit ihren Strahlen wie mit glühenden Armen pflegte und wärmte. Da erwachten tausend Keime, die unter dem öden Sande geschlum-
5 mert, aus dem tiefen Schlafe, und streckten ihre grünen Blättlein und Halme zum Angesicht der Mutter hinauf, und wie lächelnde Kinder in grüner Wiege, ruhten in den Blüten und Knospen Blüm-lein, bis auch sie von der Mutter geweckt erwachten und sich schmückten mit den Lichtern, die die Mutter ihnen zur Freude auf
10 tausendfache Weise bunt gefärbt. Aber in der Mitte des Tals war ein schwarzer Hügel, der hob sich auf und nieder wie die Brust des Menschen, wenn glühende Sehnsucht sie schwellt. – Aus den Ab-gründen rollten die Dünste empor, und sich zusammenballend in gewaltige Massen, strebten sie das Angesicht der Mutter feindlich
15 zu verhüllen; die rief aber den Sturm herbei, der fuhr zerstäubend unter sie, und als der reine Strahl wieder den schwarzen Hügel berührte, da brach im Übermaß des Entzückens eine herrliche Feu-erlilie hervor, die schönen Blätter wie holdselige Lippen öffnend, der Mutter süße Küsse zu empfangen. – Nun schritt ein glän-
20 zendes Leuchten in das Tal; es war der Jüngling Phosphorus[1], den sah die Feuerlilie und flehte, von heißer sehnsüchtiger Liebe befan-gen: „Sei doch mein ewiglich, du schöner Jüngling! Denn ich liebe dich und muss vergehen, wenn du mich verlässest." Da sprach der Jüngling Phosphorus: „Ich will dein sein, du schöne Blume, aber
25 dann wirst du, wie ein entartet Kind, Vater und Mutter verlassen, du wirst deine Gespielen nicht mehr kennen, du wirst größer und mächtiger sein wollen als alles, was sich jetzt als deinesgleichen mit dir freut. Die Sehnsucht, die jetzt dein ganzes Wesen wohltätig erwärmt, wird in hundert Strahlen zerspaltet, dich quälen und mar-
30 tern, denn der Sinn wird die Sinne gebären, und die höchste Won-ne, die der Funke entzündet, den ich in dich hineinwerfe, ist der hoffnungslose Schmerz, in dem du untergehst, um aufs Neue fremdartig emporzukeimen: – „Dieser Funke ist der Gedanke!" – „Ach!", klagte die Lilie, „kann ich denn nicht in der Glut, wie sie

---

[1] in der Antike Bezeichnung für den Morgenstern (Venus), in diesem Sinne: Lichtbringer

jetzt in mir brennt, dein sein? Kann ich dich denn mehr lieben als
jetzt, und kann ich dich denn schauen wie jetzt, wenn du mich
vernichtest? Da küsste sie der Jüngling Phosphorus, und wie vom
Lichte durchstrahlt loderte sie auf in Flammen, aus denen ein
5 fremdes Wesen hervorbrach, das schnell dem Tale entfliehend im
unendlichen Raume herumschwärmte, sich nicht kümmernd um
die Gespielen der Jugend und um den geliebten Jüngling. *Der* klagte um die verlorne Geliebte, denn auch ihn brachte ja nur die unendliche Liebe zu der schönen Lilie in das einsame Tal, und die
10 Granitfelsen neigten ihre Häupter teilnehmend vor dem Jammer
des Jünglings. Aber einer öffnete seinen Schoß, und es kam ein
schwarzer geflügelter Drache rauschend herausgeflattert und
sprach: meine Brüder, die Metalle, schlafen da drinnen, aber ich
bin stets munter und wach und will dir helfen. Sich auf- und nieder-
15 schwingend erhaschte endlich der Drache das Wesen, das der Lilie
entsprossen, trug es auf den Hügel und umschloss es mit seinem
Fittig; da war es wieder die Lilie, aber der bleibende Gedanke zerriss ihr Innerstes und die Liebe zu dem Jüngling Phosphorus war
ein schneidender Jammer, vor dem, von giftigen Dünsten ange-
20 haucht, die Blümlein, die sonst sich ihres Blicks gefreut, verwelk-
ten und starben. Der Jüngling Phosphorus legte eine glänzende
Rüstung an, die in tausendfarbigen Strahlen spielte, und kämpfte
mit dem Drachen, der mit seinem schwarzen Fittig an den Panzer
schlug, dass er hell erklang; und von dem mächtigen Klange lebten
25 die Blümlein wieder auf und umflatterten wie bunte Vögel den Drachen, dessen Kräfte schwanden und der besiegt sich in der Tiefe
der Erde verbarg. Die Lilie war befreit, der Jüngling Phosphorus
umschlang sie voll glühenden Verlangens himmlischer Liebe, und
im hochjubelnden Hymnus huldigten ihr die Blumen, die Vögel, ja
30 selbst die hohen Granitfelsen als Königin des Tals." – „Erlauben
Sie, das ist orientalischer Schwulst[1], werter Herr Archivarius!",
sagte der Registrator Heerbrand, „und wir baten denn doch, Sie
sollten, wie Sie sonst wohl zu tun pflegen, uns etwas aus Ihrem
höchst merkwürdigen Leben, etwa von Ihren Reiseabenteuern,

---

[1] abwertende Bezeichnung für eine übertriebene und überladene Darstellung

und zwar etwas Wahrhaftiges erzählen." – „Nun was denn?", erwiderte der Archivarius Lindhorst, „das, was ich soeben erzählt, ist das Wahrhaftigste, was ich Euch auftischen kann, ihr Leute, und gehört in gewisser Art auch zu meinem Leben. Denn ich stamme
5 eben aus jenem Tale her, und die Feuerlilie, die zuletzt als Königin herrschte, ist meine Ur-ur-ur-ur-Großmutter, weshalb ich denn auch eigentlich ein Prinz bin." – Alle brachen in ein schallendes Gelächter aus. – „Ja, lacht nur recht herzlich", fuhr der Archivarius Lindhorst fort, „Euch mag wohl das, was ich freilich nur in ganz
10 dürftigen Zügen erzählt habe, unsinnig und toll vorkommen, aber es ist dessen unerachtet nichts weniger als ungereimt oder auch nur allegorisch[1] gemeint, sondern buchstäblich wahr. Hätte ich aber gewusst, dass Euch die herrliche Liebesgeschichte, der auch ich meine Entstehung zu verdanken habe, so wenig gefallen wür-
15 de, so hätte ich lieber manches Neue mitgeteilt, das mir mein Bruder beim gestrigen Besuch mitbrachte." – „Ei, wie das? Haben Sie denn einen Bruder, Herr Archivarius? – Wo ist er denn – wo lebt er denn? Auch in königlichen Diensten, oder vielleicht ein privatisierender Gelehrter[2]?" – so fragte man von allen Seiten. – „Nein!",
20 erwiderte der Archivarius, ganz kalt und gelassen eine Prise nehmend, „er hat sich auf die schlechte Seite gelegt und ist unter die Drachen gegangen." – „Wie beliebten Sie doch zu sagen, wertester Archivarius", nahm der Registrator Heerbrand das Wort, „unter die Drachen?" – „Unter die Drachen?", hallte es von allen Seiten wie
25 ein Echo nach. – „Ja, unter die Drachen", fuhr der Archivarius Lindhorst fort, „eigentlich war es Desperation[3]. Sie wissen, meine Herren, dass mein Vater vor ganz kurzer Zeit starb, es sind nur höchstens dreihundertfünfundachtzig Jahre her, weshalb ich auch noch Trauer trage, der hatte mir, dem Liebling, einen prächtigen
30 Onyx[4] vermacht, den durchaus mein Bruder haben wollte. Wir zankten uns bei der Leiche des Vaters darüber auf eine ungebührliche Weise, bis der Selige, der die Geduld verlor, aufsprang und

---

[1] hier: bildlich, im übertragenen Sinn
[2] Gelehrter ohne feste Anstellung, der eigenen Interessen nachgeht
[3] (lat.) Verzweiflung
[4] dunkler Schmuckstein aus Quarz

den bösen Bruder die Treppe hinunterwarf. Das wurmte meinen
Bruder und er ging stehenden Fußes unter die Drachen. Jetzt hält
er sich in einem Zypressenwalde dicht bei Tunis auf, dort hat er
einen berühmten mystischen Karfunkel[1] zu bewachen, dem ein
5 Teufelskerl von Nekromant[2], der ein Sommerlogis[3] in Lappland bezogen, nachstellt, weshalb er denn nur auf ein Viertelstündchen,
wenn gerade der Nekromant im Garten seine Salamanderbeete be-
sorgt, abkommen kann, um mir in der Geschwindigkeit zu erzählen, was es gutes Neues an den Quellen des Nils gibt." – Zum
10 zweiten Male brachen die Anwesenden in ein schallendes Gelächter aus, aber dem Studenten Anselmus wurde ganz unheimlich
zumute, und er konnte den Archivarius Lindhorst kaum in die starren, ernsten Augen sehen, ohne innerlich auf eine ihm selbst unbe-
greifliche Weise zu erbeben. Zumal hatte die raue, aber sonderbar
15 metallartig tönende Stimme des Archivarius Lindhorst für ihn etwas geheimnisvoll Eindringendes, dass er Mark und Bein erzittern
fühlte. Der eigentliche Zweck, weshalb ihn der Registrator Heerbrand mit in das Kaffeehaus genommen hatte, schien heute nicht
erreichbar zu sein. Nach jenem Vorfall vor dem Hause des Archiva-
20 rius Lindhorst war nämlich der Student Anselmus nicht dahin zu
vermögen gewesen, den Besuch zum zweiten Male zu wagen;
denn nach seiner innigsten Überzeugung hatte nur der Zufall ihn,
wo nicht vom Tode, doch von der Gefahr, wahnwitzig zu werden,
befreit. Der Konrektor Paulmann war eben durch die Straße gegan-
25 gen, als er ganz von Sinnen vor der Haustür lag, und ein altes
Weib, die ihren Kuchen- und Äpfelkorb beiseite gesetzt, um ihn
beschäftigt war. Der Konrektor Paulmann hatte sogleich eine Porte-
chaise[4] herbeigerufen und ihn so nach Hause transportiert. „Man
mag von mir denken, was man will", sagte der Student Anselmus,
30 „man mag mich für einen Narren halten oder nicht – genug! – An
dem Türklopfer grinste mir das vermaledeite[5] Gesicht der Hexe
vom Schwarzen Tore entgegen; was nachher geschah, davon will

---

[1] roter Edelstein
[2] Totenbeschwörer, der mit den toten Seelen in Kontakt treten will
[3] Sommerhaus
[4] (frz.) Sänfte, Tragsessel
[5] unerfreuliche, verfluchte

ich lieber gar nicht reden, aber wäre ich aus meiner Ohnmacht erwacht und hätte das verwünschte Äpfelweib vor mir gesehen (denn
niemand anders war doch das alte um mich beschäftigte Weib),
mich hätte augenblicklich der Schlag gerührt, oder ich wäre wahn-
5 sinnig geworden." Alles Zureden, alle vernünftigen Vorstellungen
des Konrektors Paulmann und des Registrators Heerbrand fruch-
teten gar nichts, und selbst die blauäugige Veronika vermochte
nicht, ihn aus einem gewissen tiefsinnigen Zustande zu reißen, in
den er versunken. Man hielt ihn nun in der Tat für seelenkrank und
10 sann auf Mittel, ihn zu zerstreuen, worauf der Registrator Heerbrand meinte, dass nichts dazu dienlicher sein könne, als die Be-
schäftigung bei dem Archivarius Lindhorst, nämlich das Nachmalen der Manuskripte. Es kam nur darauf an, den Studenten Anselmus auf gute Art dem Archivarius Lindhorst bekannt zu machen,
15 und da der Registrator Heerbrand wusste, dass dieser beinahe jeden Abend ein gewisses bekanntes Kaffeehaus besuchte, so lud er
den Studenten Anselmus ein, jeden Abend so lange auf seine, des
Registrators Kosten in jenem Kaffeehause ein Glas Bier zu trinken
und eine Pfeife zu rauchen, bis er auf diese oder jene Art dem Ar-
20 chivarius bekannt und mit ihm über das Geschäft des Abschreibens der Manuskripte einig worden, welches der Student Anselmus dankbarlichst annahm. „Sie verdienen Gottes Lohn, werter
Registrator! Wenn Sie den jungen Menschen zur Raison bringen[1]",
sagte der Konrektor Paulmann. „Gottes Lohn!", wiederholte Vero-
25 nika, indem sie die Augen fromm zum Himmel erhob und lebhaft
daran dachte, wie der Student Anselmus schon jetzt ein recht artiger junger Mann sei, auch ohne Raison! – Als der Archivarius
Lindhorst eben mit Hut und Stock zur Tür hinausschreiten wollte,
da ergriff der Registrator Heerbrand den Studenten Anselmus
30 rasch bei der Hand, und mit ihm dem Archivarius den Weg vertre-
tend, sprach er: „Geschätztester Herr Geheimer Archivarius, hier
ist der Student Anselmus, der ungemein geschickt im Schönschrei-
ben und Zeichnen, Ihre seltenen Manuskripte kopieren will." –
„Das ist mir ganz ungemein lieb", erwiderte der Archivarius Lind-
35 horst rasch, warf den dreieckigen soldatischen Hut auf den Kopf

---

[1] zur Vernunft bringen; von den Hirngespinsten befreien

und eilte, den Registrator Heerbrand und den Studenten Anselmus beiseite schiebend, mit vielem Geräusch die Treppe hinab,
sodass beide ganz verblüfft dastanden und die Stubentür anguck-
ten, die er dicht vor ihnen zugeschlagen, dass die Angeln klirrten.
5 „Das ist ja ein ganz wunderlicher alter Mann", sagte der Registrator Heerbrand, – „Wunderlicher alter Mann", stotterte der Student
Anselmus nach, fühlend, wie ein Eisstrom ihm durch alle Adern
fröstelte, dass er beinahe zur starren Bildsäule worden. Aber alle
Gäste lachten und sagten: „Der Archivarius war heute einmal wie-
10 der in seiner besonderen Laune, morgen ist er gewiss sanftmütig
und spricht kein Wort, sondern sieht in die Dampfwirbel seiner
Pfeife oder liest Zeitungen, man muss sich daran gar nicht kehren." – Das ist auch wahr, dachte der Student Anselmus, wer wird
sich an so etwas kehren! Hat der Herr Archivarius nicht gesagt, es
15 sei ihm ganz ungemein lieb, dass ich seine Manuskripte kopieren
wolle? – Und warum vertrat ihm auch der Registrator Heerbrand
den Weg, als er gerade nach Hause gehen wollte? – Nein, nein, es
ist ein lieber Mann, im Grunde genommen, der Herr Geheime Archivarius Lindhorst, und liberal erstaunlich – nur kurios in abson-
20 derlichen Redensarten. – Allein was schadet das mir? – Morgen
gehe ich hin Punkt zwölf Uhr, und setzten sich hundert bronzierte
Äpfelweiber dagegen.

Vierte Vigilie

*Melancholie des Studenten Anselmus. – Der smaragdene Spiegel. –
Wie der Archivarius Lindhorst als Stoßgeier davonflog und der
Student Anselmus niemandem begegnete.*

Wohl darf ich geradezu dich selbst, günstiger Leser! fragen, ob du
5 in deinem Leben nicht Stunden, ja Tage und Wochen hattest, in
denen dir all dein gewöhnliches Tun und Treiben ein recht quä-
lendes Missbehagen erregte, und in denen dir alles, was dir sonst
recht wichtig und wert in Sinn und Gedanken zu tragen vorkam,
nun läppisch und nichtswürdig erschien? Du wusstest dann selbst
10 nicht, was du tun und wohin du dich wenden solltest; ein dunkles
Gefühl, es müsse irgendwo und zu irgendeiner Zeit ein hoher, den

Kreis alles irdischen Genusses überschreitender Wunsch erfüllt
werden, den der Geist, wie ein streng gehaltenes furchtsames
Kind, gar nicht auszusprechen wage, erhob deine Brust, und in
dieser Sehnsucht nach dem unbekannten Etwas, das dich überall,
5 wo du gingst und standest, wie ein duftiger Traum mit durchsichtigen, vor dem schärferen Blick zerfließenden Gestalten, um-
schwebte, verstummtest du für alles, was dich hier umgab. Du
schlichst mit trübem Blick umher wie ein hoffnungslos Liebender,
und alles, was du die Menschen auf allerlei Weise im bunten Ge-
10 wühl durcheinander treiben sahst, erregte dir keinen Schmerz und
keine Freude, als gehörtest du nicht mehr dieser Welt an. Ist dir,
günstiger Leser, jemals so zumute gewesen, so kennst du selbst
aus eigener Erfahrung den Zustand, in dem sich der Student Anselmus befand. Überhaupt wünschte ich, es wäre mir schon jetzt ge-
15 lungen, dir, geneigter Leser! den Studenten Anselmus recht lebhaft
vor Augen zu bringen. Denn in der Tat, ich habe in den Nachtwa-
chen, die ich dazu verwende, seine höchst sonderbare Geschichte
aufzuschreiben, noch so viel Wunderliches, das wie eine spukhafte
Erscheinung das alltägliche Leben ganz gewöhnlicher Menschen
20 ins Blaue hinausrückte, zu erzählen, dass mir bange ist, du werdest am Ende weder an den Studenten Anselmus, noch an den
Archivarius Lindhorst glauben, ja wohl gar einige ungerechte Zweifel gegen den Konrektor Paulmann und den Registrator Heerbrand
hegen, unerachtet wenigstens die letztgenannten achtbaren Män-
25 ner noch jetzt in Dresden umherwandeln. Versuche es, geneigter
Leser! In dem feenhaften Reiche voll herrlicher Wunder, die die
höchste Wonne, sowie das tiefste Entsetzen in gewaltigen Schlä-
gen hervorrufen, ja, wo die ernste Göttin ihren Schleier lüftet, dass
wir ihr Antlitz zu schauen wähnen – aber ein Lächeln schimmert oft
30 aus dem ernsten Blick, und das ist der neckhafte Scherz, der in allerlei verwirrendem Zauber mit uns spielt, so wie die Mutter oft mit
ihren liebsten Kindern tändelt – ja! In diesem Reiche, das uns der
Geist so oft, wenigstens im Traume aufschließt, versuche es, geneigter Leser!, die bekannten Gestalten, wie sie täglich, wie man zu
35 sagen pflegt im gemeinen Leben, um dich herwandeln, wiederzu-
erkennen. Du wirst dann glauben, dass dir jenes herrliche Reich
viel näher liege, als du sonst wohl meintest, welches ich nun eben

recht herzlich wünsche, und dir in der seltsamen Geschichte des
Studenten Anselmus anzudeuten strebe. – Also, wie gesagt, der
Student Anselmus geriet seit jenem Abende, als er den Archivarius
Lindhorst gesehen, in ein träumerisches Hinbrüten, das ihn für
5 jede äußere Berührung des gewöhnlichen Lebens unempfindlich
machte. Er fühlte, wie ein unbekanntes Etwas in seinem Innersten
sich regte und ihm jenen wonnevollen Schmerz verursachte, der
eben die Sehnsucht ist, welche dem Menschen ein anderes, höheres Sein verheißt. Am liebsten war es ihm, wenn er allein durch
10 Wiesen und Wälder schweifen und wie losgelöst von allem, was ihn
an sein dürftiges Leben fesselte, nur im Anschauen der mannigfa-
chen Bilder, die aus seinem Innern stiegen, sich gleichsam selbst
wiederfinden konnte. So kam es denn, dass er einst, von einem
weiten Spaziergange heimkehrend, bei jenem merkwürdigen Ho-
15 lunderbusch vorüberschritt, unter dem er damals wie von Feerei
befangen, so viel Seltsames sah; er fühlte sich wunderbarlich von
dem grünen heimatlichen Rasenfleck angezogen, aber kaum hatte
er sich daselbst niedergelassen, als alles, was er damals wie in einer himmlischen Verzückung geschaut, und das wie von einer
20 fremden Gewalt aus seiner Seele verdrängt worden, ihm wieder in
den lebhaftesten Farben vorschwebte, als sähe er es zum zweiten
Mal. Ja, noch deutlicher als damals war es ihm, dass die holdseligen blauen Augen der goldgrünen Schlange angehören, die in der
Mitte des Holunderbaumes sich emporwand, und dass in den
25 Windungen des schlanken Leibes all die herrlichen Krystall-Glo-
ckentöne hervorblitzen mussten, die ihn mit Wonne und Entzücken erfüllten. So wie damals am Himmelfahrtstage, umfasste er
den Holunderbaum und rief in die Zweige und Blätter hinein: „Ach,
nur noch einmal schlängle und schlinge und winde dich, du holdes
30 grünes Schlänglein, in den Zweigen, dass ich dich schauen mag.
– Nur noch einmal blicke mich an mit deinen holdseligen Augen!
Ach, ich liebe dich ja und muss in Trauer und Schmerz vergehen,
wenn du nicht wiederkehrst!" Alles blieb jedoch stumm und still,
und wie damals rauschte der Holunderbaum nur ganz unvernehm-
35 lich mit seinen Zweigen und Blättern. Aber dem Studenten Anselmus war es, als wisse er nun, was sich in seinem Innern so rege
und bewege, ja was seine Brust so im Schmerz einer unendlichen

Sehnsucht zerreiße. „Ist es denn etwas anderes", sprach er, „als
dass ich dich so ganz mit voller Seele bis zum Tode liebe, du herrliches goldenes Schlänglein, ja dass ich ohne dich nicht zu leben
vermag und vergehen muss in hoffnungsloser Not, wenn ich dich
5 nicht wiedersehe, dich nicht habe wie die Geliebte meines Herzens
– aber ich weiß es, du wirst mein und dann alles, was herrliche
Träume aus einer andern höhern Welt mir verheißen, erfüllt sein."
– Nun ging der Student Anselmus jeden Abend, wenn die Sonne
nur noch in die Spitzen der Bäume ihr funkelndes Gold streute,
10 unter den Holunderbaum, und rief aus tiefer Brust mit ganz kläg-
lichen Tönen in die Blätter und Zweige hinein nach der holden Geliebten, dem goldgrünen Schlänglein. Als er dieses wieder einmal
nach gewöhnlicher Weise trieb, stand plötzlich ein langer hagerer
Mann in einem weiten lichtgrauen Überrock gehüllt, und rief, in-
15 dem er ihn mit seinen großen feurigen Augen anblitzte: „Hei hei
– Was klagt und winselt denn da? – Hei hei, das ist ja Herr Anselmus, der meine Manuskripte kopieren will." Der Student Anselmus erschrak nicht wenig vor der gewaltigen Stimme, denn es war
ja dieselbe, die damals am Himmelfahrtstage gerufen: „Hei hei!
20 was ist das für ein Gemunkel und Geflüster" etc. Er konnte vor
Staunen und Schreck kein Wort herausbringen. – „Nun, was ist
Ihnen denn, Herr Anselmus?", fuhr der Archivarius Lindhorst fort
(niemand anders war der Mann im weißgrauen Überrock), „was
wollen Sie von dem Holunderbaum, und warum sind Sie denn
25 nicht zu mir gekommen, um Ihre Arbeit anzufangen?" – Wirklich
hatte der Student Anselmus es noch nicht über sich vermocht, den
Archivarius Lindhorst wieder in seinem Hause aufzusuchen, unerachtet er sich jenen Abend ganz dazu ermutigt; in diesem Augenblick aber, als er seine schönen Träume und noch dazu durch die-
30 selbe feindselige Stimme, die schon damals ihm die Geliebte ge-
raubt, zerrissen sah, erfasste ihn eine Art Verzweiflung, und er
brach ungestüm los: „Sie mögen mich nun für wahnsinnig halten
oder nicht, Herr Archivarius! Das gilt mir ganz gleich, aber hier auf
diesem Baume erblickte ich am Himmelfahrtstage die goldgrüne
35 Schlange – ach! Die ewig Geliebte meiner Seele, und sie sprach zu
mir in herrlichen Kristalltönen, aber Sie – Sie, Herr Archivarius,
schrien und riefen so schrecklich übers Wasser her." – „Wie das,

mein Gönner[1]?", unterbrach ihn der Archivarius Lindhorst, indem er ganz sonderbar lächelnd eine Prise nahm. – Der Student Anselmus fühlte, wie seine Brust sich erleichterte, als es ihm nur gelungen, von jenem wunderbaren Abenteuer anzufangen, und es war
5 ihm, als sei es schon ganz recht, dass er den Archivarius geradezu beschuldigt: Er sei es gewesen, der so aus der Ferne gedonnert. Er nahm sich zusammen, sprechend: „Nun, so will ich denn alles erzählen, was mir an dem Himmelfahrtsabende Verhängnisvolles begegnet, und dann mögen Sie reden und tun und überhaupt den-
10 ken über mich, was Sie wollen." – Er erzählte nun wirklich die ganze wunderliche Begebenheit von dem unglücklichen Tritt in den Äpfelkorb an, bis zum Entfliehen der drei goldgrünen Schlangen übers Wasser, und wie ihn nun die Menschen für betrunken oder wahnsinnig gehalten: „Das alles", schloss der Student Anselmus,
15 „habe ich wirklich gesehen, und tief in der Brust ertönen noch im hellen Nachklange die lieblichen Stimmen, die zu mir sprachen; es war keineswegs ein Traum, und soll ich nicht vor Liebe und Sehnsucht sterben, so muss ich an die goldgrünen Schlangen glauben, unerachtet ich an Ihrem Lächeln, werter Herr Archivarius, wahr-
20 nehme, dass Sie eben diese Schlangen nur für ein Erzeugnis meiner erhitzten, überspannten Einbildungskraft halten." „Mitnichten", erwiderte der Archivarius in der größten Ruhe und Gelassenheit, „die goldgrünen Schlangen, die Sie, Herr Anselmus, in dem Holunderbusch gesehen, waren nun eben meine drei Töchter, und
25 dass Sie sich in die blauen Augen der jüngsten, Serpentina genannt, gar sehr verliebt, das ist nun wohl klar. Ich wusste es übrigens schon am Himmelfahrtstage, und da mir zu Hause, am Arbeitstisch sitzend, des Gemunkels und Geklingels zu viel wurde, rief ich den losen Dirnen zu, dass es Zeit sei, nach Hause zu eilen;
30 denn die Sonne ging schon unter, und sie hatten sich genug mit Singen und Strahlentrinken erlustigt." – Dem Studenten Anselmus war es, als würde ihm nur etwas mit deutlichen Worten gesagt, was er längst geahnt, und ob er gleich zu bemerken glaubte, dass sich Holunderbusch, Mauer und Rasenboden und alle Gegenstände
35 rings umher leise zu drehen anfingen, so raffte er sich doch zusam-

---

[1] hier: Freund

men und wollte etwas reden, aber der Archivarius ließ ihn nicht zu
Worte kommen, sondern zog schnell den Handschuh von der linken Hand herunter, und indem er den in wunderbaren Funken und
Flammen blitzenden Stein eines Ringes dem Studenten vor die
5 Augen hielt, sprach er: „Schauen Sie her, werter Herr Anselmus,
Sie können darüber, was Sie erblicken, eine Freude haben." Der
Student Anselmus schaute hin, und, o Wunder! Der Stein warf wie
aus einem brennenden Fokus Strahlen rings herum, und die Strahlen verspannen sich zum hellen, leuchtenden Kristallspiegel, in
10 dem in mancherlei Windungen, bald einander fliehend, bald sich
ineinander schlingend, die drei goldgrünen Schlänglein tanzten
und hüpften. Und wenn die schlanken in tausend Funken blitzenden Leiber sich berührten, da erklangen herrliche Akkorde wie Kristallglocken, und die Mittelste streckte wie voll Sehnsucht und Ver-
15 langen das Köpfchen zum Spiegel heraus, und die dunkelblauen
Augen sprachen: Kennst du mich denn – glaubst du denn an mich,
Anselmus? – Nur in dem Glauben ist die Liebe – kannst du denn
lieben? – „O Serpentina, Serpentina!", schrie der Student Anselmus in wahnsinnigem Entzücken, aber der Archivarius Lindhorst
20 hauchte schnell auf den Spiegel, da fuhren in elektrischem Geknis-
ter die Strahlen in den Fokus zurück, und an der Hand blitzte nur
wieder ein kleiner Smaragd, über den der Archivarius den Handschuh zog. „Haben Sie die goldnen Schlänglein gesehen, Herr Anselmus?", fragte der Archivarius Lindhorst. „Ach Gott, ja!", erwi-
25 derte der Student, „und die holde liebliche Serpentina." „Still!",
fuhr der Archivarius Lindhorst fort, „genug für heute, übrigens
können Sie ja, wenn Sie sich entschließen wollen, bei mir zu arbeiten, meine Töchter oft genug sehen, oder vielmehr, ich will Ihnen
dies wahrhaftige Vergnügen verschaffen, wenn Sie sich bei der Ar-
30 beit recht brav halten, das heißt: mit der größten Genauigkeit und
Reinheit jedes Zeichen kopieren. Aber Sie kommen ja gar nicht zu
mir, unerachtet mir der Registrator Heerbrand versicherte, Sie würden sich nächstens einfinden, und ich deshalb mehrere Tage vergebens gewartet." – Sowie der Archivarius Lindhorst den Namen
35 Heerbrand nannte, war es dem Studenten Anselmus erst wieder,
als stehe er wirklich mit beiden Füßen auf der Erde und er wäre
wirklich der Student Anselmus, und der vor ihm stehende Mann

der Archivarius Lindhorst. Der gleichgültige Ton, in dem dieser sprach, hatte im grellen Kontrast mit den wunderbaren Erscheinungen, die er wie ein wahrhafter Nekromant hervorrief, etwas Grauenhaftes, das durch den stechenden Blick der funkelnden Au-
5 gen, die aus den knöchernen Höhlen des magern, runzligen Gesichts wie aus einem Gehäuse hervorstrahlten, noch erhöht wurde, und den Studenten ergriff mit Macht dasselbe unheimliche Gefühl, welches sich seiner schon auf dem Kaffeehause bemeisterte, als der Archivarius so viel Abenteuerliches erzählte. Nur mit Mühe
10 fasste er sich, und als der Archivarius nochmals fragte: „Nun, warum sind Sie denn nicht zu mir gekommen?", da erhielt er es über sich, alles zu erzählen, was ihm an der Haustür begegnet. „Lieber Herr Anselmus", sagte der Archivarius, als der Student seine Erzählung geendet, „lieber Herr Anselmus, ich kenne wohl das Äpfel-
15 weib, von dem Sie zu sprechen belieben; es ist eine fatale Kreatur, die mir allerhand Possen[1] spielt, und dass sie sich hat bronzieren lassen, um als Türklopfer die mir angenehmen Besuche zu verscheuchen, das ist in der Tat sehr arg und nicht zu leiden. Wollten Sie doch, werter Herr Anselmus, wenn Sie morgen um zwölf Uhr
20 zu mir kommen und wieder etwas von dem Angrinsen und Anschnarren vermerken, ihr gefälligst was weniges von diesem Likör auf die Nase tröpfeln; dann wird sich sogleich alles geben. Und nun Adieu! Lieber Herr Anselmus, ich gehe etwas rasch, deshalb will ich Ihnen nicht zumuten, mit mir nach der Stadt zurückzukeh-
25 ren. – Adieu! Auf Wiedersehen, morgen um zwölf Uhr." – Der Archivarius hatte dem Studenten Anselmus ein kleines Fläschchen mit einem goldgelben Likör gegeben, und nun schritt er rasch von dannen, sodass er in der tiefen Dämmerung, die unterdessen eingebrochen, mehr in das Tal hinabzuschweben als zu gehen schien.
30 Schon war er in der Nähe des Kosel'schen Gartens, da setzte sich der Wind in den weiten Überrock und trieb die Schöße auseinander, dass sie wie ein Paar große Flügel in den Lüften flatterten, und es dem Studenten Anselmus, der verwunderungsvoll dem Archivarius nachsah, vorkam, als breite ein großer Vogel die Fittige aus
35 zum raschen Fluge. – Wie der Student nun so in die Dämmerung

---

[1] Streiche

hineinstarrte, da erhob sich mit krächzendem Geschrei ein weiß-
grauer Geier hoch in die Lüfte, und er merkte nun wohl, dass das
weiße Geflatter, was er noch immer für den davonschreitenden Archivarius gehalten, schon eben der Geier gewesen sein müsse, un-
5 erachtet er nicht begreifen konnte, wo denn der Archivarius mit
einem Male hingeschwunden. „Er kann aber auch selbst in Person
davongeflogen sein, der Herr Archivarius Lindhorst", sprach der
Student Anselmus zu sich selbst, „denn ich sehe und fühle nun
wohl, dass alle die fremden Gestalten aus einer fernen wunder-
10 vollen Welt, die ich sonst nur in ganz besondern merkwürdigen
Träumen schaute, jetzt in mein waches reges Leben geschritten
sind und ihr Spiel mit mir treiben. – Dem sei aber wie ihm wolle!
Du lebst und glühst in meiner Brust, holde, liebliche Serpentina,
nur du kannst die unendliche Sehnsucht stillen, die mein Innerstes
15 zerreißt. – Ach, wann werde ich in dein holdseliges Auge blicken,
– liebe, liebe Serpentina!" – – So rief der Student Anselmus ganz
laut. – „Das ist ein schnöder unchristlicher Name", murmelte eine
Bassstimme neben ihm, die einem heimkehrenden Spaziergänger
gehörte. Der Student Anselmus, zu rechter Zeit erinnert, wo er war,
20 eilte raschen Schrittes von dannen, indem er bei sich selbst dachte:
Wäre es nicht ein rechtes Unglück, wenn mir jetzt der Konrektor
Paulmann oder der Registrator Heerbrand begegnete! – Aber er
begegnete keinem von beiden.

Fünfte Vigilie

*Die Frau Hofrätin Anselmus. – Cicero de officiis. – Meerkatzen
und anderes Gesindel. – Die alte Lise. – Das Aequinoctium.*

„Mit dem Anselmus ist nun einmal in der Welt nichts anzufangen",
sagte der Konrektor Paulmann; „alle meine gute Lehren, alle meine
5 Ermahnungen sind fruchtlos, er will sich ja zu gar nichts applizie-
ren[1], unerachtet er die besten Schulstudia besitzt, die denn doch
die Grundlage von allem sind." Aber der Registrator Heerbrand
erwiderte schlau und geheimnisvoll lächelnd: „Lassen Sie dem An-

---

[1] hier: entwickeln

selmus doch nur Raum und Zeit, wertester Konrektor! Das ist ein
kurioses Subjekt[1], aber es steckt viel in ihm, und wenn ich sage:
viel, so heißt das: ein Geheimer Sekretär, oder wohl gar ein Hofrat[2]." – „Hof-", fing der Konrektor im größten Erstaunen an, das
5 Wort blieb ihm stecken. – „Still, still", fuhr der Registrator Heerbrand fort, „ich weiß, was ich weiß! – Schon seit zwei Tagen sitzt er
bei dem Archivarius Lindhorst und kopiert, und der Archivarius
sagte gestern Abend auf dem Kaffeehause zu mir: „Sie haben mir
einen wackern Mann empfohlen, Verehrter! – Aus dem wird was",
10 und nun bedenken Sie des Archivarii Konnexionen[3] – still – still –
sprechen wir uns übers Jahr!" – Mit diesen Worten ging der Registrator im fortwährenden schlauen Lächeln zur Tür hinaus und ließ
den vor Erstaunen und Neugier verstummten Konrektor im Stuhle
festgebannt sitzen. Aber auf Veronika hatte das Gespräch einen
15 ganz eignen Eindruck gemacht. Habe ich's denn nicht schon immer gewusst, dachte sie, dass der Herr Anselmus ein recht ge-
scheiter, liebenswürdiger junger Mann ist, aus dem noch was
Großes wird? Wenn ich nur wüsste, ob er mir wirklich gut ist! –
Aber hat er mir nicht jenen Abend, als wir über die Elbe fuhren,
20 zweimal die Hand gedrückt? Hat er mich nicht im Duett angesehen mit solchen ganz sonderbaren Blicken, die bis ins Herz drangen? Ja, ja! Er ist mir wirklich gut – und ich – Veronika überließ sich
ganz, wie junge Mädchen wohl pflegen, den süßen Träumen von
einer heitern Zukunft. Sie war Frau Hofrätin, bewohnte ein schönes
25 Logis[4] in der Schlossgasse, oder auf dem Neumarkt, oder auf der
Moritzstraße – der moderne Hut, der neue türkische Shawl stand
ihr vortrefflich – sie frühstückte im eleganten Negligee[5] im Erker,
der Köchin die nötigen Befehle für den Tag erteilend. „Aber dass
Sie mir die Schüssel nicht verdirbt, es ist des Herrn Hofrats Leibes-
30 sen!" – Vorübergehende Elegants[6] schielen herauf, sie hört deutlich: „Es ist doch eine göttliche Frau, die Hofrätin, wie ihr das Spit-

---

[1] merkwürdiger Mensch
[2] hoher politischer Posten am Hof
[3] Beziehungen
[4] Haus bzw. Wohnung
[5] (frz.) Morgenmantel
[6] (frz.) vornehme Menschen

zenhäubchen so allerliebst steht!" – Die Geheime Rätin Ypsilon
schickt den Bedienten und lässt fragen, ob es der Frau Hofrätin
gefällig wäre, heute ins Linkische Bad zu fahren? – „Viel Empfeh-
lungen, es täte mir unendlich leid, ich sei schon engagiert zum Tee
5 bei der Präsidentin Tz." – Da kommt der Hofrat Anselmus, der
schon früh in Geschäften ausgegangen, zurück; er ist nach der
letzten Mode gekleidet, „wahrhaftig schon zehn", ruft er, indem er
die goldne Uhr repetieren[1] lässt und der jungen Frau einen Kuss
gibt: „Wie geht's, liebes Weibchen, weißt du auch, was ich für dich
10 habe?", fährt er schäkernd fort und zieht ein Paar herrliche nach
der neuesten Art gefasste Ohrringe aus der Westentasche, die er
ihr statt der sonst getragenen gewöhnlichen einhängt. „Ach, die
schönen niedlichen Ohrringe", ruft Veronika ganz laut, und springt,
die Arbeit wegwerfend, vom Stuhl auf, um in dem Spiegel die Ohr-
15 ringe wirklich zu beschauen. „Nun, was soll denn das sein", sagte
der Konrektor Paulmann, der eben in Cicero de officiis[2] vertieft,
beinahe das Buch fallen lassen, „man hat ja Anfälle wie der Anselmus." Aber da trat der Student Anselmus, der wider seine Gewohn-
heit sich mehrere Tage nicht hatte sehen lassen, ins Zimmer, zu
20 Veronikas Schreck und Erstaunen, denn in der Tat war er in seinem
ganzen Wesen verändert. Mit einer gewissen Bestimmtheit, die
ihm sonst gar nicht eigen, sprach er von ganz andern Tendenzen
seines Lebens, die ihm klar worden, von den herrlichen Aussichten,
die sich ihm geöffnet, die mancher aber gar nicht zu schauen ver-
25 möchte. Der Konrektor Paulmann wurde, der geheimnisvollen Rede des Registrators Heerbrand gedenkend, noch mehr betroffen,
und konnte kaum eine Silbe hervorbringen, als der Student Anselmus, nachdem er einige Worte von dringender Arbeit bei dem Archivarius Lindhorst fallen lassen und der Veronika mit eleganter
30 Gewandtheit die Hand geküsst, schon die Treppe hinunter, auf und
von dannen war. „Das war ja schon der Hofrat", murmelte Veronika in sich hinein, „und er hat mir die Hand geküsst, ohne dabei
auszugleiten oder mir auf den Fuß zu treten, wie sonst! – Er hat mir

---

[1] hier: schlagen (eig. wiederholen)
[2] Werk des römischen Dichters Cicero, das von den Pflichten der Jugend
handelt

einen recht zärtlichen Blick zugeworfen – er ist mir wohl in der Tat gut." – Veronika überließ sich aufs Neue jener Träumerei, indessen war es, als träte immer eine feindselige Gestalt unter die lieblichen Erscheinungen, wie sie aus dem künftigen häuslichen Leben als
5 Frau Hofrätin hervorgingen, und die Gestalt lachte recht höhnisch und sprach: „Das ist ja alles recht dummes ordinäres Zeug und noch dazu erlogen, denn der Anselmus wird nimmermehr Hofrat und dein Mann; er liebt dich ja nicht, unerachtet du blaue Augen hast und einen schlanken Wuchs und eine feine Hand." – Da goss
10 sich ein Eisstrom durch Veronikas Innres, und ein tiefes Entsetzen vernichtete die Behaglichkeit, mit der sie sich nur noch erst im Spitzenhäubchen und den eleganten Ohrringen gesehen. – Die Tränen wären ihr beinahe aus den Augen gestürzt, und sie sprach laut: „Ach, es ist ja wahr, er liebt mich nicht, und ich werde nim-
15 mermehr Frau Hofrätin!" „Romanenstreiche[1], Romanenstreiche!", schrie der Konrektor Paulmann, nahm Hut und Stock und eilte zornig von dannen. – „Das fehlte noch", seufzte Veronika, und ärgerte sich recht über die zwölfjährige Schwester, welche teilneh-mungslos an ihrem Rahmen sitzend fortgestickt hatte. Unterdes-
20 sen war es beinahe drei Uhr geworden, und nun gerade Zeit, das Zimmer aufzuräumen und den Kaffeetisch zu ordnen; denn die Mesdemoiselles Osters hatten sich bei der Freundin ansagen las-sen. Aber hinter jedem Schränkchen, das Veronika wegrückte, hin-ter den Notenbüchern, die sie vom Klavier, hinter jeder Tasse, hin-
25 ter der Kaffeekanne, die sie aus dem Schrank nahm, sprang jene Gestalt wie ein Alräunchen[2] hervor und lachte höhnisch und schlug mit den kleinen Spinnenfingern Schnippchen und schrie: „Er wird doch nicht dein Mann, er wird doch nicht dein Mann!" Und dann, wenn sie alles stehn und liegen ließ und in die Mitte des Zimmers
30 flüchtete, sah es mit langer Nase riesengroß hinter dem Ofen her-vor und knurrte und schnurrte: „Er wird doch nicht dein Mann!" „Hörst du denn nichts, siehst du denn nichts, Schwester?", rief Veronika, die vor Furcht und Zittern gar nichts mehr anrühren mochte. Fränzchen stand ganz ernsthaft und ruhig von ihrem

---

[1] hier: Fantastereien (wie aus einem Roman)
[2] geheimnisvolle Wurzel in der Gestalt eines Kobolds (von Alraune)

Stickrahmen auf und sagte: „Was ist dir denn heute, Schwester?
Du wirfst ja alles durcheinander, dass es klippert und klappert, ich
muss dir nur helfen." Aber da traten schon die muntern Mädchen
in vollem Lachen herein und in dem Augenblick wurde nun auch
5 Veronika gewahr, dass sie den Ofenaufsatz für eine Gestalt und
das Knarren der übel verschlossenen Ofentür für die feindseligen
Worte gehalten hatte. Von einem innern Entsetzen gewaltsam ergriffen, konnte sie sich aber nicht so schnell erholen, dass die
Freundinnen nicht ihre ungewöhnliche Spannung, die selbst ihre
10 Blässe, ihr verstörtes Gesicht verriet, hätten bemerken sollen. Als
sie schnell abbrechend von all dem Lustigen, das sie eben erzählen
wollten, in die Freundin drangen, was ihr denn um des Himmels
willen widerfahren, musste Veronika eingestehen, wie sie sich ganz
besondern Gedanken hingegeben, und plötzlich am hellen Tage
15 von einer sonderbaren Gespensterfurcht, die ihr sonst gar nicht
eigen, übermannt worden. Nun erzählte sie so lebhaft, wie aus allen Winkeln des Zimmers ein kleines graues Männchen sie geneckt
und gehöhnt habe, dass die Mad. Osters sich schüchtern nach allen Seiten umsahen, und ihnen bald gar unheimlich und grausig
20 zumute wurde. Da trat Fränzchen mit dem dampfenden Kaffee
herein, und alle drei sich besinnend, lachten über ihre eigene Al-
bernheit. Angelika, so hieß die älteste Oster, war mit einem Offizier
versprochen, der bei der Armee stand und von dem die Nachrichten solange ausgeblieben, dass man an seinem Tode, oder wenigs-
25 tens an seiner schweren Verwundung kaum zweifeln konnte. Dies
hatte Angelika in die tiefste Betrübnis gestürzt, aber heute war sie
fröhlich bis zur Ausgelassenheit, worüber Veronika sich nicht wenig wunderte und es ihr unverhohlen äußerte. „Liebes Mädchen",
sagte Angelika, „glaubst du denn nicht, dass ich meinen Viktor
30 immerdar im Herzen, in Sinn und Gedanken trage? Aber eben deshalb bin ich so heiter! – ach Gott – so glücklich, so selig in meinem
ganzen Gemüte! Denn mein Viktor ist wohl, und ich sehe ihn in
weniger Zeit als Rittmeister, geschmückt mit den Ehrenzeichen,
die ihm seine unbegrenzte Tapferkeit erwarben, wieder. Eine star-
35 ke, aber durchaus nicht gefährliche Verwundung des rechten Arms,
und zwar durch den Säbelhieb eines feindlichen Husaren, verhin-
dert ihn zu schreiben, und der schnelle Wechsel seines Aufent-

halts, da er durchaus sein Regiment nicht verlassen will, macht es auch noch immer unmöglich, mir Nachricht zu geben, aber heute Abend erhält er die bestimmte Weisung, sich erst ganz heilen zu lassen. Er reiset morgen ab, um herzukommen, und indem er in
5 den Wagen steigen will, erfährt er seine Ernennung zum Rittmeister", – „Aber, liebe Angelika", fiel Veronika ein, „das weißt du jetzt schon alles?" – „Lache mich nicht aus, liebe Freundin", fuhr Angelika fort, „aber du wirst es nicht, denn könnte nicht dir zur Strafe gleich das kleine graue Männchen dort hinter dem Spiegel hervor-
10 gucken? – Genug, ich kann mich von dem Glauben an gewisse geheimnisvolle Dinge nicht losmachen, weil sie oft genug ganz sichtbarlich und handgreiflich, möcht ich sagen, in mein Leben getreten. Vorzüglich kommt es mir nun gar nicht einmal so wunderbar und unglaublich vor, als manchen andern, dass es Leute
15 geben kann, denen eine gewisse Sehergabe eigen, die sie durch ihnen bekannte untrügliche Mittel in Bewegung zu setzen wissen. Es ist hier am Orte eine alte Frau, die diese Gabe besonders besitzt. Nicht so, wie andere ihres Gelichters, prophezeit sie aus Karten, gegossenem Blei oder aus dem Kaffeesatze, sondern nach
20 gewissen Vorbereitungen, an denen die fragende Person teilnimmt, erscheint in einem hell polierten Metallspiegel ein wunderliches Gemisch von allerlei Figuren und Gestalten, welche die Alte deutet und aus ihnen die Antwort auf die Frage schöpft. Ich war gestern Abend bei ihr und erhielt jene Nachrichten von meinem Viktor, an
25 deren Wahrheit ich nicht einen Augenblick zweifle." – Angelikas Erzählung warf einen Funken in Veronikas Gemüt, der schnell den Gedanken entzündete, die Alte über den Anselmus und über ihre Hoffnungen zu befragen. Sie erfuhr, dass die Alte Frau Rauerin hieße, in einer entlegenen Straße vor dem Seetor[1] wohne, durchaus
30 nur dienstags, mittwochs und freitags von sieben Uhr abends, dann aber die ganze Nacht hindurch bis zum Sonnenaufgang zu treffen sei und es gern sähe, wenn man allein komme. – Es war eben Mittwoch, und Veronika beschloss, unter dem Vorwande, die Osters nach Hause zu begleiten, die Alte aufzusuchen, welches sie
35 denn auch in der Tat ausführte. Kaum hatte sie nämlich von den

---

[1] Stadttor im Süden Dresdens (vgl. Stadtplan auf S. 112/113)

Freundinnen, die in der Neustadt wohnten, vor der Elbbrücke Abschied genommen, als sie geflügelten Schrittes vor das Seetor eilte, und sich bald in der beschriebenen abgelegenen engen Straße befand, an deren Ende sie das kleine rote Häuschen erblickte, in
5 welchem die Frau Rauerin wohnen sollte. Sie konnte sich eines gewissen unheimlichen Gefühls, ja eines innern Erbebens nicht erwehren, als sie vor der Haustür stand. Endlich raffte sie sich, des innern Widerstrebens unerachtet, zusammen, und zog an der Klingel, worauf sich die Tür öffnete und sie durch den finstern Gang
10 nach der Treppe tappte, die zum obern Stock führte, wie es Angelika beschrieben. „Wohnt hier nicht die Frau Rauerin?", rief sie in den öden Hausflur hinein, als sich niemand zeigte; da erscholl statt der Antwort ein langes klares Miau, und ein großer schwarzer Kater schritt mit hoch gekrümmtem Rücken, den Schweif in Wel-
15 lenringeln hin- und herdrehend, gravitätisch vor ihr her bis an die Stubentür, die auf ein zweites Miau geöffnet wurde. „Ach sieh da, Töchterchen, bist du schon hier? Komm herein – herein!" So rief die heraustretende Gestalt, deren Anblick Veronika an den Boden festbannte. Ein langes, hagres, in schwarze Lumpen gehülltes
20 Weib! – Indem sie sprach, wackelte das hervorragende spitze Kinn, verzog sich das zahnlose Maul, von der knöchernen Habichtsnase beschattet, zum grinsenden Lächeln, und leuchtende Katzenaugen flackerten Funken werfend durch die große Brille. Aus dem bunten um den Kopf gewickelten Tuche starrten schwarze borstige Haare
25 hervor, aber zum Grässlichen erhoben das ekle Antlitz zwei große Brandflecke, die sich von der linken Backe über die Nase wegzogen. – Veronikas Atem stockte, und der Schrei, der der gepressten Brust Luft machen sollte, wurde zum tiefen Seufzer, als der Hexe Knochenhand sie ergriff und in das Zimmer hineinzog. Drinnen
30 regte und bewegte sich alles, es war ein Sinne verwirrendes Quieken und Miauen und Gekrächze und Gepiepe durcheinander. Die Alte schlug mit der Faust auf den Tisch und schrie: „Still da, ihr Gesindel!" Und die Meerkatzen[1] kletterten winselnd auf das hohe Himmelbett, und die Meerschweinchen liefen unter den Ofen und
35 der Rabe flatterte auf den runden Spiegel; nur der schwarze Kater,

---

[1] kleine Affenart, langschwänzig

als gingen ihn die Scheltworte nichts an, blieb ruhig auf dem großen Polsterstuhle sitzen, auf den er gleich nach dem Eintritt ge-
sprungen. – Sowie es still wurde, ermutigte sich Veronika; es war
ihr nicht so unheimlich als draußen auf dem Flur, ja selbst das
5 Weib schien ihr nicht mehr so scheußlich. Jetzt erst blickte sie im
Zimmer umher. – Allerhand hässliche ausgestopfte Tiere hingen
von der Decke herab, unbekanntes seltsames Geräte lag durcheinander auf dem Boden, und in dem Kamin brannte ein blaues spar-
sames Feuer, das nur dann und wann in gelben Funken emporknis-
10 terte; aber dann rauschte es von oben herab, und ekelhafte Fleder-
mäuse wie mit verzerrten lachenden Menschengesichtern
schwangen sich hin und her, und zuweilen leckte die Flamme herauf an der rußigen Mauer, und dann erklangen schneidende, heu-
lende Jammertöne, dass Veronika von Angst und Grausen ergriffen
15 wurde. „Mit Verlaub, Mamsellchen", sagte die Alte schmunzelnd,
erfasste einen großen Wedel und besprengte, nachdem sie ihn in
einen kupfernen Kessel getaucht, den Kamin. Da erlosch das Feuer, und wie von dickem Rauch erfüllt, wurde es stockfinster in der
Stube; aber bald trat die Alte, die in ein Kämmerchen gegangen,
20 mit einem angezündeten Licht wieder herein, und Veronika erblickte nichts mehr von den Tieren, von den Gerätschaften, es war eine
gewöhnliche ärmlich ausstaffierte Stube. Die Alte trat ihr näher
und sagte mit schnarrender Stimme: „Ich weiß wohl, was du bei
mir willst, mein Töchterchen; was gilt es, du möchtest erfahren, ob
25 du den Anselmus heiraten wirst, wenn er Hofrat worden!" – Veronika erstarrte vor Staunen und Schreck, aber die Alte fuhr fort: „Du
hast mir ja alles gesagt zu Hause beim Papa, als die Kaffeekanne
vor dir stand, *ich* war ja die Kaffeekanne, hast du mich denn nicht
gekannt? Töchterchen, höre! Lass ab, lass ab von dem Anselmus,
30 das ist ein garstiger Mensch, der hat meinem Söhnlein ins Gesicht
getreten, meinem lieben Söhnlein, den Äpfelchen mit den roten
Backen, die, wenn sie die Leute gekauft haben, ihnen wieder aus
den Taschen in meinen Korb zurückrollen. Er hält's mit dem Alten;
er hat mir vorgestern den verdammten Auripigment[1] ins Gesicht
35 gegossen, dass ich beinahe darüber erblindet. Du kannst noch die

---

[1] Pulvermischung aus Schwefel und Arsen

Brandflecken sehen, Töchterchen! Lass ab von ihm, lass ab! – Er liebt dich nicht, denn er liebt die goldgrüne Schlange, er wird niemals Hofrat werden, weil er sich bei den Salamandern anstellen lassen, und er will die grüne Schlange heiraten, lass ab von ihm,
5 lass ab!" – Veronika, die eigentlich ein festes standhaftes Gemüt hatte und mädchenhaften Schreck bald zu überwinden wusste, trat einen Schritt zurück und sprach mit ernsthaftem, gefasstem Ton: „Alte! Ich habe von Eurer Gabe in die Zukunft zu blicken gehört, und wollte darum, vielleicht zu neugierig und voreilig, von Euch
10 wissen, ob wohl Anselmus, den ich liebe und hochschätze, jemals mein werden würde. Wollt Ihr mich daher, statt meinen Wunsch zu erfüllen, mit Eurem tollen unsinnigen Geschwätze necken, so tut Ihr Unrecht; denn ich habe nur gewollt, was Ihr andern, wie ich weiß, gewährtet. Da Ihr, wie es scheint, meine innigsten Gedanken
15 wisset, so wäre es Euch vielleicht ein Leichtes gewesen, mir manches zu enthüllen, was mich jetzt quält und ängstigt, aber nach Euern albernen Verleumdungen des guten Anselmus mag ich von Euch weiter nichts erfahren. Gute Nacht!" – Veronika wollte davoneilen, da fiel die Alte weinend und jammernd auf die Knie nieder
20 und rief, das Mädchen am Kleide festhaltend: „Veronikchen, kennst du denn die alte Liese nicht mehr, die dich so oft auf den Armen getragen und gepflegt und gehätschelt?" Veronika traute kaum ihren Augen; denn sie erkannte ihre, freilich nur durch hohes Alter und vorzüglich durch die Brandflecke entstellte ehemalige Wärte-
25 rin, die vor mehreren Jahren aus des Konrektor Paulmanns Hause verschwand. Die Alte sah auch nun ganz anders aus, sie hatte statt des hässlichen buntgefleckten Tuchs eine ehrbare Haube, und statt der schwarzen Lumpen eine großblumichte Jacke an, wie sie sonst wohl gekleidet gegangen. Sie stand vom Boden auf und fuhr, Vero-
30 nika in ihre Arme nehmend, fort: „Es mag dir alles, was ich dir gesagt, wohl recht toll vorkommen, aber es ist leider dem so. Der Anselmus hat mir viel zuleide getan, doch wider seinen Willen; er ist dem Archivarius Lindhorst in die Hände gefallen, und der will ihn mit seiner Tochter verheiraten. Der Archivarius ist mein größ-
35 ter Feind, und ich könnte dir allerlei Dinge von ihm sagen, die würdest du aber nicht verstehen, oder dich doch sehr entsetzen. Er ist der weise Mann, aber ich bin die weise Frau – es mag darum sein!

– Ich merke nun wohl, dass du den Anselmus recht lieb hast, und
ich will dir mit allen Kräften beistehen, dass du recht glücklich werden und fein ins Ehebett kommen sollst, wie du es wünschest." –
„Aber sage Sie mir um des Himmels willen, Liese!" – fiel Veronika
5 ein – „Still, Kind – still!", unterbrach sie die Alte, „ich weiß, was du
sagen willst, ich bin das worden, was ich bin, weil ich es werden
musste, ich konnte nicht anders. Nun also! – Ich kenne das Mittel,
das den Anselmus von der törichten Liebe zur grünen Schlange
heilt und ihn als den liebenswürdigsten Hofrat in deine Arme führt;
10 aber du musst helfen!" – „Sage es nur gerade heraus, Liese! Ich will
ja alles tun, denn ich liebe den Anselmus sehr!", lispelte Veronika
kaum hörbar. – „Ich kenne dich", fuhr die Alte fort, „als ein be-
herztes Kind, vergebens habe ich dich mit dem Wauwau zum
Schlaf treiben wollen, denn gerade alsdann öffnetest du die Augen,
15 um den Wauwau zu sehen; du gingst ohne Licht in die hinterste
Stube und erschrecktest oft in des Vaters Pudermantel des Nach-
bars Kinder. Nun also! – Ist's dir Ernst, durch meine Kunst den
Archivarius Lindhorst und die grüne Schlange zu überwinden, ist's
dir Ernst, den Anselmus als Hofrat deinen Mann zu nennen, so
20 schleiche dich in der künftigen Tag- und Nachtgleiche nachts um
elf Uhr aus des Vaters Hause und komme zu mir; ich werde dann
mit dir auf den Kreuzweg gehen, der unfern das Feld durchschnei-
det, wir bereiten das Nötige, und alles Wunderliche, was du vielleicht erblicken wirst, soll dich nicht anfechten. Und nun, Töchter-
25 chen, gute Nacht, der Papa wartet schon mit der Suppe." – Veronika eilte von dannen, fest stand bei ihr der Entschluss, die Nacht
des Äquinoktiums[1] nicht zu versäumen, denn, dachte sie, die Liese
hat Recht, der Anselmus ist verstrickt in wunderliche Bande, aber
ich erlöse ihn daraus und nenne ihn mein immerdar und ewiglich,
30 mein ist und bleibt er, der Hofrat Anselmus.

---

[1] astronomischer Beginn des Herbstes (23. September), Tag und Nacht
sind genau gleich lang

Sechste Vigilie

Der Garten des Archivarius Lindhorst nebst einigen Spottvögeln. –
Der goldene Topf. – Die englische Kursivschrift. –
Schnöde Hahnenfüße. – Der Geisterfürst.

Es kann aber auch sein, sprach der Student Anselmus zu sich
5 selbst, dass der superfeine starke Magenlikör, den ich bei dem
Monsieur Conradi etwas begierig genossen, alle die tollen Phantasmata[1] geschaffen, die mich vor der Haustür des Archivarius
Lindhorst ängsteten. Deshalb bleibe ich heute ganz nüchtern, und
will nun wohl allem weitern Ungemach, das mir begegnen könnte,
10 Trotz bieten. – So wie damals, als er sich zum ersten Besuch bei
dem Archivarius Lindhorst rüstete, steckte er seine Federzeichnungen und kalligrafischen Kunstwerke, seine Tuschstangen, seine
wohlgespitzten Rabenfedern ein, und schon wollte er zur Tür
hinausschreiten, als ihm das Fläschchen mit dem gelben Likör in
15 die Augen fiel, das er von dem Archivarius Lindhorst erhalten. Da
gingen ihm wieder all die seltsamen Abenteuer, welche er erlebt,
mit glühenden Farben durch den Sinn, und ein namenloses Gefühl
von Wonne und Schmerz durchschnitt seine Brust. Unwillkürlich
rief er mit recht kläglicher Stimme aus: „Ach, gehe ich denn nicht
20 zum Archivarius, nur um dich zu sehen, du holde liebliche Serpentina?" – Es war ihm in dem Augenblick so, als könne Serpentinas
Liebe der Preis einer mühevollen gefährlichen Arbeit sein, die er
unternehmen müsste, und diese Arbeit sei keine andere, als das
Kopieren der Lindhorstischen Manuskripte. – Dass ihm schon
25 beim Eintritt ins Haus, oder vielmehr noch vor demselben allerlei
Wunderliches begegnen könne, wie neulich, davon war er überzeugt. Er dachte nicht mehr an Conradis Magenwasser, sondern
steckte schnell den Likör in die Westentasche, um ganz nach des
Archivarius Vorschrift zu verfahren, wenn das bronzierte Äpfelweib
30 sich unterstehen sollte, ihn anzugrinsen. – Erhob sich denn nicht
auch wirklich gleich die spitze Nase, funkelten nicht die Katzenaugen aus dem Türdrücker, als er ihn auf den Schlag zwölf Uhr ergrei-

---

[1] verrückten Einbildungen

fen wollte? – Da spritzte er, ohne sich weiter zu bedenken, den Likör in das fatale Gesicht hinein, und es glättete und plättete sich augenblicklich aus zum glänzenden kugelrunden Türklopfer. Die Tür ging auf, die Glocken läuteten gar lieblich durch das ganze
5 Haus: klingling – Jüngling – flink – flink – spring – spring – klingling. – Er stieg getrost die schöne breite Treppe hinauf und weidete sich an dem Duft des seltenen Räucherwerks, der durch das Haus floss. Ungewiss blieb er auf dem Flur stehen, denn er wusste nicht, an welche der vielen schönen Türen er wohl pochen sollte; da trat
10 der Archivarius Lindhorst in einem weiten damastnen Schlafrock[1] heraus und rief: „Nun, es freut mich, Herr Anselmus, dass Sie endlich Wort halten, kommen Sie mir nur nach, denn ich muss Sie ja doch wohl gleich ins Laboratorium führen." Damit schritt er schnell den langen Flur hinauf und öffnete eine kleine Seitentür, die in ei-
15 nen Korridor führte. Anselmus schritt getrost hinter dem Archivarius her; sie kamen aus dem Korridor in einen Saal oder vielmehr in ein herrliches Gewächshaus, denn von beiden Seiten bis an die Decke hinauf standen allerlei seltene wunderbare Blumen, ja große Bäume mit sonderbar gestalteten Blättern und Blüten. Ein ma-
20 gisches blendendes Licht verbreitete sich überall, ohne dass man bemerken konnte, wo es herkam, da durchaus kein Fenster zu sehen war. So wie der Student Anselmus in die Büsche und Bäume hineinblickte, schienen lange Gänge sich in weiter Ferne auszudehnen. – Im tiefen Dunkel dicker Zypressenstauden[2] schimmerten
25 Marmorbecken, aus denen sich wunderliche Figuren erhoben, Kristallstrahlen hervorspritzend, die plätschernd niederfielen in leuchtende Lilienkelche; seltsame Stimmen rauschten und säuselten durch den Wald der wunderbaren Gewächse, und herrliche Düfte strömten auf und nieder. Der Archivarius war verschwunden,
30 und Anselmus erblickte nur einen riesenhaften Busch glühender Feuerlilien vor sich. Von dem Anblick, von den süßen Düften des Feengartens berauscht, blieb Anselmus festgezaubert stehen. Da

---

[1] Morgenmantel aus einem besonders gewebten und gemusterten orientalischen Stoff (Damast)
[2] Baumgewächse aus warmen Regionen, z. B. dem Nahen Osten oder dem Mittelmeerraum; hierzulande als Zierbäume verwendet

fing es überall an zu kichern und zu lachen, und feine Stimmchen
neckten und höhnten: „Herr Studiosus[1], Herr Studiosus! Wo kommen Sie denn her? Warum haben Sie sich denn so schön geputzt,
Herr Anselmus? – Wollen Sie eins mit uns plappern, wie die Groß-
mutter das Ei mit dem Steiß zerdrückte, und der Junker einen
Klecks auf die Sonntagsweste bekam? Können Sie die neue Arie
schon auswendig, die Sie vom Papa Starmatz gelernt, Herr Anselmus? – Sie sehen recht possierlich aus in der gläsernen Perücke
und den postpapiernen[2] Stülpstiefeln!" – So rief und kicherte und
neckte es aus allen Winkeln hervor – ja dicht neben dem Studenten,
der nun erst wahrnahm, wie allerlei bunte Vögel ihn umflatterten
und ihn so in vollem Gelächter aushöhnten. – In dem Augenblick
schritt der Feuerlilienbusch auf ihn zu, und er sah, dass es der Archivarius Lindhorst war, dessen blumichter in Gelb und Rot glänzender Schlafrock ihn nur getäuscht hatte. „Verzeihen Sie, werter
Herr Anselmus", sagte der Archivarius, „dass ich Sie stehen ließ,
aber vorübergehend sah ich nur nach meinem schönen Kaktus, der
diese Nacht seine Blüten aufschließen wird – aber wie gefällt Ihnen
denn mein kleiner Hausgarten?" – „Ach Gott, über alle Maßen
schön ist es hier, geschätztester Herr Archivarius", erwiderte der
Student, „aber die bunten Vögel mokieren sich[3] über meine Wenig-
keit gar zu sehr!" – „Was ist denn das für ein Gewäsche?", rief der
Archivarius zornig in die Büsche hinein. Da flatterte ein großer
grauer Papagei hervor, und sich neben dem Archivarius auf einen
Myrtenast[4] setzend und ihn ungemein ernsthaft und gravitätisch
durch eine Brille, die auf dem krummen Schnabel saß, anblickend,
schnarrte er: „Nehmen Sie es nicht übel, Herr Archivarius, meine
mutwilligen Buben sind einmal wieder recht ausgelassen, aber der
Herr Studiosus sind selbst daran schuld, denn –" „Still da, still
da!", unterbrach der Archivarius den Alten, „ich kenne die Schelme,
aber er sollte sie besser in Zucht halten, mein Freund! – Gehen wir
weiter, Herr Anselmus!" – Noch durch manches fremdartig aufge-

---

[1] hier: spöttische Anrede des Studenten
[2] wie aus Schreibpapier
[3] machen sich lustig
[4] Ast einer Myrte (immergrüner Strauch aus dem Mittelmeerraum)

putzte Gemach schritt der Archivarius, so, dass der Student ihm kaum folgen und einen Blick auf all die glänzenden sonderbar geformten Mobilien[1] und andere unbekannte Sachen werfen konnte, womit alles überfüllt war. Endlich traten sie in ein großes Gemach,
5 in dem der Archivarius, den Blick in die Höhe gerichtet, stehen blieb, und Anselmus Zeit gewann, sich an dem herrlichen Anblick, den der einfache Schmuck dieses Saals gewährte, zu weiden. Aus den azurblauen Wänden traten die goldbronzenen Stämme hoher Palmbäume hervor, welche ihre kolossalen, wie funkelnde Sma-
10 ragde glänzenden Blätter oben zur Decke wölbten; in der Mitte des Zimmers ruhte auf drei aus dunkler Bronze gegossenen ägyptischen Löwen eine Porphyrplatte[2], auf welcher ein einfacher goldener Topf stand, von dem, als er ihn erblickte, Anselmus nun gar nicht mehr die Augen wegwenden konnte. Es war, als spielten in
15 tausend schimmernden Reflexen allerlei Gestalten auf dem strahlend polierten Golde – manchmal sah er sich selbst mit sehnsüchtig ausgebreiteten Armen – ach! Neben dem Holunderbusch – Serpentina schlängelte sich auf und nieder, ihn anblickend mit den holdseligen Augen. Anselmus war außer sich vor wahnsinnigem
20 Entzücken. „Serpentina! – Serpentina!", schrie er laut auf, da wandte sich der Archivarius Lindhorst schnell um und sprach: „Was meinen Sie, werter Herr Anselmus? – Ich glaube, Sie belieben meine Tochter zu rufen, die ist aber ganz auf der andern Seite meines Hauses in ihrem Zimmer, und hat soeben Klavierstunde, kommen
25 Sie nur weiter." Anselmus folgte beinahe besinnungslos dem davonschreitenden Archivarius, er sah und hörte nichts mehr, bis ihn der Archivarius heftig bei der Hand ergriff und sprach: „Nun sind wir an Ort und Stelle!" Anselmus erwachte wie aus einem Traum, und bemerkte nun, dass er sich in einem hohen rings mit Bücher-
30 schränken umstellten Zimmer befand, welches sich in keiner Art von gewöhnlichen Bibliothek- und Studierzimmern unterschied. In der Mitte stand ein großer Arbeitstisch und ein gepolsterter Lehnstuhl vor demselben. „Dieses", sagte der Archivarius Lindhorst,

---

[1] hier: Möbel
[2] Platte aus wertvollem, purpurrotem Gestein

„ist vorderhand[1] Ihr Arbeitszimmer, ob Sie künftig auch in dem andern blauen Bibliotheksaal, in dem Sie so plötzlich meiner Tochter Namen riefen, arbeiten werden, weiß ich noch nicht; – aber nun wünschte ich mich erst von Ihrer Fähigkeit, die Ihnen zugedachte
5 Arbeit wirklich meinem Wunsch und Bedürfnis gemäß auszuführen, zu überzeugen." Der Student Anselmus ermutigte sich nun ganz und gar, und zog nicht ohne innere Selbstzufriedenheit und in der Überzeugung, den Archivarius durch sein ungewöhnliches Talent höchlich zu erfreuen, seine Zeichnungen und Schreibereien
10 aus der Tasche. Der Archivarius hatte kaum das erste Blatt, eine Handschrift in der elegantesten englischen Schreibmanier, erblickt, als er recht sonderbar lächelte und mit dem Kopfe schüttelte. Das wiederholte er bei jedem folgenden Blatte, sodass dem Studenten Anselmus das Blut in den Kopf stieg, und er, als das Lächeln zu-
15 letzt recht höhnisch und verächtlich wurde, in vollem Unmute losbrach: „Der Herr Archivarius scheinen mit meinen geringen Talenten nicht ganz zufrieden?" – „Lieber Herr Anselmus", sagte der Archivarius Lindhorst, „Sie haben für die Kunst des Schönschreibens wirklich treffliche Anlagen, aber vorderhand, sehe ich wohl,
20 muss ich mehr auf Ihren Fleiß, auf Ihren guten Willen rechnen, als auf Ihre Fertigkeit. Es mag auch wohl an den schlechten Materialien liegen, die Sie verwandt." – Der Student Anselmus sprach viel von seiner sonst anerkannten Kunstfertigkeit, von chinesischer Tusche und ganz auserlesenen Rabenfedern. Da reichte ihm der Ar-
25 chivarius Lindhorst das englische Blatt hin und sprach: „Urteilen Sie selbst!" – Anselmus wurde wie vom Blitz getroffen, als ihm seine Handschrift so höchst miserabel vorkam. Da war keine Ründe in den Zügen, kein Druck richtig, kein Verhältnis der großen und kleinen Buchstaben, ja! Schülermäßige schnöde Hahnenfüße[2] ver-
30 darben oft die sonst ziemlich geratene Zeile. „Und dann", fuhr der Archivarius Lindhorst fort, „ist Ihre Tusche auch nicht haltbar." Er tunkte den Finger in ein mit Wasser gefülltes Glas, und indem er nur leicht auf die Buchstaben tupfte, war alles spurlos verschwunden. Dem Studenten Anselmus war es, als schnüre ein Ungetüm

---

[1] vorläufig
[2] fehlerhafte Schriftzüge

ihm die Kehle zusammen – er konnte kein Wort herausbringen. So
stand er da, das unglückliche Blatt in der Hand, aber der Archivarius Lindhorst lachte laut auf und sagte: „Lassen Sie sich das nicht
anfechten, wertester Herr Anselmus; was Sie bisher nicht vollbrin-
5 gen konnten, wird hier bei mir vielleicht besser sich fügen; ohne-
dies finden Sie ein besseres Material, als Ihnen sonst wohl zu Gebote stand! – Fangen Sie nur getrost an!" – Der Archivarius Lindhorst holte erst eine flüssige schwarze Masse, die einen ganz
eigentümlichen Geruch verbreitete, sonderbar gefärbte scharf zu-
10 gespitzte Federn und ein Blatt von besonderer Weiße und Glätte,
dann aber ein arabisches Manuskript aus einem verschlossenen
Schranke herbei, und so wie Anselmus sich zur Arbeit gesetzt, verließ er das Zimmer. Der Student Anselmus hatte schon öfters arabische Schrift kopiert, die erste Aufgabe schien ihm daher nicht so
15 schwer zu lösen. „Wie die Hahnenfüße in meine schöne englische
Kursivschrift[1] gekommen, mag Gott und der Archivarius Lindhorst
wissen", sprach er, „aber dass sie nicht von *meiner* Hand sind,
darauf will ich sterben." – Mit jedem Worte, das nun wohlgelungen
auf dem Pergamente stand, wuchs sein Mut und mit ihm seine
20 Geschicklichkeit. In der Tat schrieb es sich mit den Federn ganz
herrlich, und die geheimnisvolle Tinte floss rabenschwarz und ge-
fügig auf das blendend weiße Pergament. Als er nun so emsig und
mit angestrengter Aufmerksamkeit arbeitete, wurde es ihm immer
heimlicher in dem einsamen Zimmer, und er hatte sich schon ganz
25 in das Geschäft, welches er glücklich zu vollenden hoffte, geschickt,
als auf den Schlag drei Uhr ihn der Archivarius in das Nebenzim-
mer zu dem wohlbereiteten Mittagsmahl rief. Bei Tische war der
Archivarius Lindhorst bei ganz besonderer heiterer Laune; er er-
kundigte sich nach des Studenten Anselmus Freunden, dem Kon-
30 rektor Paulmann und dem Registrator Heerbrand und wusste vorzüglich von dem Letztern recht viel Ergötzliches zu erzählen. Der
gute alte Rheinwein schmeckte dem Anselmus gar sehr und machte ihn gesprächiger, als er wohl sonst zu sein pflegte. Auf den
Schlag vier Uhr stand er auf, um an seine Arbeit zu gehen, und die-
35 se Pünktlichkeit schien dem Archivarius Lindhorst wohl zu gefal-

---

[1] Handschrift (die Buchstaben sind miteinander verbunden)

len. War ihm schon vor dem Essen das Kopieren der arabischen
Zeichen geglückt, so ging die Arbeit jetzt noch viel besser vonstatten, ja er konnte selbst die Schnelle und Leichtigkeit nicht begreifen, womit er die krausen Züge der fremden Schrift nachzumalen
5 vermochte. – Aber es war, als flüstre aus dem innersten Gemüte
eine Stimme in vernehmlichen Worten: Ach! Könntest du denn das
vollbringen, wenn du *sie* nicht in Sinn und Gedanken trügest, wenn
du nicht an *sie*, an ihre Liebe glaubtest? – Da wehte es wie in leisen,
leisen, lispelnden Kristallklängen durch das Zimmer: Ich bin dir
10 nahe – nahe – nahe! – Ich helfe dir – sei mutig – sei standhaft, lieber Anselmus! – Ich mühe mich mit dir, damit du mein werdest!
Und so wie er voll inneren Entzückens die Töne vernahm, wurden
ihm immer verständlicher die unbekannten Zeichen – er durfte
kaum mehr hineinblicken in das Original – ja es war, als stünden
15 schon wie in blasser Schrift die Zeichen auf dem Pergament, und
er dürfe sie nur mit geübter Hand schwarz überziehen. So arbeitete
er fort von lieblichen tröstenden Klängen, wie vom süßen zarten
Hauch umflossen, bis die Glocke sechs Uhr schlug und der Archivarius Lindhorst in das Zimmer trat. Er ging sonderbar lächelnd an
20 den Tisch, Anselmus stand schweigend auf, der Archivarius sah
ihn noch immer so wie in höhnendem Spott lächelnd an, kaum
hatte er aber in die Abschrift geblickt, als das Lächeln in dem tiefen
feierlichen Ernst unterging, zu dem sich alle Muskeln des Gesichts
verzogen. – Bald schien er nicht mehr derselbe. Die Augen, welche
25 sonst funkelndes Feuer strahlten, blickten jetzt mit unbeschreib-
licher Milde den Anselmus an, eine sanfte Röte färbte die bleichen
Wangen, und statt der Ironie, die sonst den Mund zusammen-
presste, schienen die weichgeformten anmutigen Lippen sich zu
öffnen zur weisheitvollen ins Gemüt dringenden Rede. – Die ganze
30 Gestalt war höher, würdevoller; der weite Schlafrock legte sich wie
ein Königsmantel in breiten Falten um Brust und Schultern, und
durch die weißen Löckchen, welche an der hohen offenen Stirn la-
gen, schlang sich ein schmaler goldner Reif. „Junger Mensch", fing
der Archivarius an im feierlichen Ton, „junger Mensch, ich habe,
35 noch ehe du es ahntest, all die geheimen Beziehungen erkannt, die
dich an mein Liebstes, Heiligstes fesseln! – Serpentina liebt dich,
und ein seltsames Geschick, dessen verhängnisvollen Faden feind-

liche Mächte spannen, ist erfüllt, wenn sie dein wird, und wenn du als notwendige Mitgift[1] den goldnen Topf erhältst, der ihr Eigentum ist. Aber nur dem Kampfe entsprießt dein Glück im höheren Leben. Feindliche Prinzipe fallen dich an, und nur die innere Kraft,
5 mit der du den Anfechtungen widerstehst, kann dich retten von Schmach und Verderben. Indem du hier arbeitest, überstehst du deine Lehrzeit; Glauben und Erkenntnis führen dich zum nahen Ziele, wenn du festhältst an dem, was du beginnen musstest. Trage sie recht getreulich im Gemüte, *sie*, die dich liebt, und du wirst die
10 herrlichen Wunder des goldnen Topfs schauen und glücklich sein immerdar. – Gehab dich wohl! Der Archivarius Lindhorst erwartet dich morgen um zwölf Uhr in deinem Kabinett! – Gehab dich wohl!" – Der Archivarius schob den Studenten Anselmus sanft zur Tür hinaus, die er dann verschloss, und er befand sich in dem Zim-
15 mer, in welchem er gespeist, dessen einzige Tür auf den Flur führte. Ganz betäubt von den wunderbaren Erscheinungen blieb er vor der Haustür stehen, da wurde über ihm ein Fenster geöffnet, er schaute hinauf, es war der Archivarius Lindhorst; ganz der Alte im weißgrauen Rocke, wie er ihn sonst gesehen. – Er rief ihm zu: „Ei,
20 werter Herr Anselmus, worüber sinnen Sie denn so, was gilt's, das Arabische geht Ihnen nicht aus dem Kopf? Grüßen Sie doch den Herrn Konrektor Paulmann, wenn Sie etwa zu ihm gehen, und kommen Sie morgen Punkt zwölf Uhr wieder. Das Honorar für heute steckt bereits in Ihrer rechten Westentasche." – Der Student
25 Anselmus fand wirklich den blanken Speziestaler in der bezeichneten Tasche, aber er freute sich gar nicht darüber. – „Was aus dem allen werden wird, weiß ich nicht", sprach er zu sich selbst – „umfängt mich aber auch nur ein toller Wahn und Spuk, so lebt und webt doch in meinem Innern die liebliche Serpentina, und ich will,
30 ehe ich von ihr lasse, lieber untergehen ganz und gar, denn ich weiß doch, dass der Gedanke in mir ewig ist, und kein feindliches Prinzip kann ihn vernichten; aber ist der Gedanke denn was anders, als Serpentinas Liebe?"

---

[1] Güter, die die Frau mit in die Ehe bringt

Siebente Vigilie

*Wie der Konrektor Paulmann die Pfeife ausklopfte und zu Bett ging.
– Rembrandt und Höllenbreughel. – Der Zauberspiegel und des
Doktors Eckstein Rezept gegen eine unbekannte Krankheit.*

Endlich klopfte der Konrektor Paulmann die Pfeife aus, sprechend:
5 „Nun ist es doch wohl Zeit, sich zur Ruhe zu begeben." – „Jawohl",
erwiderte die durch des Vaters längeres Aufbleiben beängstete Veronika: denn es schlug längst zehn Uhr. Kaum war nun der Konrektor in sein Studier- und Schlafzimmer gegangen, kaum hatten
Fränzchens schwerere Atemzüge kundgetan, dass sie wirklich
10 fest eingeschlafen, als Veronika, die sich zum Schein auch ins Bett
gelegt, leise, leise wieder aufstand, sich anzog, den Mantel umwarf
und zum Hause hinausschlüpfte. – Seit dem Augenblick, als
Veronika die alte Liese verlassen, stand ihr unaufhörlich der Anselmus vor Augen, und sie wusste selbst nicht, welch eine fremde
15 Stimme im Innern ihr immer und ewig wiederholte, dass sein Widerstreben von einer ihr feindlichen Person herrühre, die ihn in
Banden halte, welche Veronika durch geheimnisvolle Mittel der magischen Kunst zerreißen könne. Ihr Vertrauen auf die alte Liese
wuchs mit jedem Tage, und selbst der Eindruck des Unheimlichen,
20 Grausigen stumpfte sich ab, sodass alles Wunderliche, Seltsame
ihres Verhältnisses mit der Alten ihr nur im Schimmer des Unge-
wöhnlichen, Romanhaften erschien, wovon sie eben recht angezogen wurde. Deshalb stand auch der Vorsatz bei ihr fest, selbst mit
Gefahr vermisst zu werden und in tausend Unannehmlichkeiten zu
25 geraten, das Abenteuer der Tag- und Nachtgleiche zu bestehen.
Endlich war nun die verhängnisvolle Nacht des Äquinoktiums, in
der ihr die alte Liese Hülfe und Trost verheißen, eingetreten, und
Veronika, mit dem Gedanken der nächtlichen Wanderung längst
vertraut geworden, fühlte sich ganz ermutigt. Pfeilschnell flog sie
30 durch die einsamen Straßen, des Sturms nicht achtend, der durch
die Lüfte brauste und ihr die dicken Regentropfen ins Gesicht warf.
– Mit dumpfem dröhnenden Klange schlug die Glocke des Kreuz-
turmes elf Uhr, als Veronika ganz durchnässt vor dem Hause der
Alten stand. „Ei, Liebchen, Liebchen, schon da! – Nun warte, war-

te!" – rief es von oben herab – und gleich darauf stand auch die Alte,
mit einem Korbe beladen und von ihrem Kater begleitet, vor der Tür.
„So wollen wir denn gehen und tun und treiben, was ziemlich ist
und gedeiht in der Nacht, die dem Werke günstig", dies sprechend,
5 ergriff die Alte mit kalter Hand die zitternde Veronika, welcher sie
den schweren Korb zu tragen gab, während sie selbst einen Kessel,
Dreifuß und Spaten auspackte. Als sie ins Freie kamen, regnete es
nicht mehr, aber der Sturm war stärker geworden; tausendstimmig
heulte es in den Lüften. Ein entsetzlicher herzzerschneidender Jam-
10 mer tönte herab aus den schwarzen Wolken, die sich in schneller
Flucht zusammenballten und alles einhüllten in dicke Finsternis.
Aber die Alte schritt rasch fort, mit gellender Stimme rufend:
„Leuchte – leuchte mein Junge!" Da schlängelten und kreuzten sich
blaue Blitze vor ihnen her, und Veronika wurde inne, dass der Kater
15 knisternde Funken sprühend und leuchtend vor ihnen herum-
sprang, und dessen ängstliches grausiges Zetergeschrei sie vernahm, wenn der Sturm nur einen Augenblick schwieg. – Ihr wollte
der Atem vergehen, es war, als griffen eiskalte Krallen in ihr Inneres,
aber gewaltsam raffte sie sich zusammen, und sich fester an die
20 Alte klammernd sprach sie: „Nun muss alles vollbracht werden,
und es mag geschehen was da will!" – „Recht so, mein Töchterchen!", erwiderte die Alte, „bleibe fein standhaft, und ich schenke
dir was Schönes und den Anselmus obendrein!" Endlich stand die
Alte still, und sprach: „Nun sind wir an Ort und Stelle!" Sie grub ein
25 Loch in die Erde, schüttete Kohlen hinein und stellte den Dreifuß
darüber, auf den sie den Kessel setzte. Alles dieses begleitete sie
mit seltsamen Gebärden, während der Kater sie umkreiste. Aus seinem Schweif sprühten Funken, die einen Feuerreif bildeten. Bald
fingen die Kohlen an zu glühen, und endlich schlugen blaue Flam-
30 men unter dem Dreifuß hervor. Veronika musste Mantel und Schleier ablegen und sich bei der Alten niederkauern, die ihre Hände ergriff und fest drückte, mit den funkelnden Augen das Mädchen an-
starrend. Nun fingen die sonderbaren Massen – waren es Blumen
– Metalle – Kräuter – Tiere, man konnte es nicht unterscheiden –
35 die die Alte aus dem Korbe genommen und in den Kessel geworfen,
an zu sieden und zu brausen. Die Alte ließ Veronika los, sie ergriff
einen eisernen Löffel, mit dem sie in die glühende Masse hinein-

fuhr und darin rührte, während Veronika auf ihr Geheiß festen Blickes in den Kessel hineinschauen und ihre Gedanken auf den Anselmus richten musste. Nun warf die Alte aufs Neue blinkende Metalle und auch eine Haarlocke, die sich Veronika vom Kopfwirbel
5 geschnitten, sowie einen kleinen Ring, den sie lange getragen, in den Kessel, indem sie unverständliche, durch die Nacht grausig gellende Töne ausstieß, und der Kater im unaufhörlichen Rennen winselte und ächzte. – – Ich wollte, dass du, günstiger Leser! Am dreiundzwanzigsten September auf der Reise nach Dresden begrif-
10 fen gewesen wärest; vergebens suchte man, als der späte Abend hereinbrach, dich auf der letzten Station aufzuhalten; der freundliche Wirt stellte dir vor, es stürme und regne doch gar zu sehr, und überhaupt sei es auch nicht geheuer, in der Äquinoktialnacht so ins Dunkle hineinzufahren, aber du achtetest dessen nicht, indem du
15 ganz richtig annahmst: ich zahle dem Postillion[1] einen ganzen Taler Trinkgeld und bin spätestens um ein Uhr in Dresden, wo mich im Goldnen Engel oder im Helm oder in der Stadt Naumburg[2] ein gut zugerichtetes Abendessen und ein weiches Bett erwartet. Wie du nun so in der Finsternis daherfährst, siehst du plötzlich in der Ferne
20 ein ganz seltsames flackerndes Leuchten. Näher gekommen erblickst du einen Feuerreif, in dessen Mitte bei einem Kessel, aus dem dicker Qualm und blitzende rote Strahlen und Funken emporschießen, zwei Gestalten sitzen. Gerade durch das Feuer geht der Weg, aber die Pferde prusten und stampfen und bäumen sich – der
25 Postillion flucht und betet – und peitscht auf die Pferde hinein – sie gehen nicht von der Stelle. – Unwillkürlich springst du aus dem Wagen und rennst einige Schritte vorwärts. Nun siehst du deutlich das schlanke holde Mädchen, die im weißen dünnen Nachtgewande bei dem Kessel kniet. Der Sturm hat die Flechten aufgelöst und
30 das lange kastanienbraune Haar flattert frei in den Lüften. Ganz im blendenden Feuer der unter dem Dreifuß emporflackernden Flammen steht das engelschöne Gesicht, aber in dem Entsetzen, das seinen Eisstrom darüber goss, ist es erstarrt zur Totenbleiche, und

---

[1] Lenker einer Postkutsche
[2] drei Gasthöfe in Dresden

in dem stieren[1] Blick, in den hinaufgezogenen Augenbrauen, in
dem Munde, der sich vergebens dem Schrei der Todesangst öffnet,
welcher sich nicht entwinden kann der von namenloser Folter gepressten Brust, siehst du ihr Grausen, ihr Entsetzen; die kleinen
5 Händchen hält sie krampfhaft zusammengefaltet in die Höhe, als
riefe sie betend die Schutzengel herbei, sie zu schirmen vor den
Ungetümen der Hölle, die dem mächtigen Zauber gehorchend nun
gleich erscheinen werden! – So kniet sie da, unbeweglich wie ein
Marmorbild. Ihr gegenüber sitzt auf dem Boden niedergekauert ein
10 langes, hageres, kupfergelbes Weib mit spitzer Habichtsnase und
funkelnden Katzenaugen; aus dem schwarzen Mantel, den sie umgeworfen, starren die nackten knöchernen Arme hervor, und rührend in dem Höllensud lacht und ruft sie mit krächzender Stimme
durch den brausenden tosenden Sturm. – Ich glaube wohl, dass dir,
15 günstiger Leser!, kenntest du auch sonst keine Furcht und Scheu,
sich doch bei dem Anblick dieses Rembrandt'schen oder
Höllenbreughel'schen Gemäldes[2], das nun ins Leben getreten, vor
Grausen die Haare auf dem Kopfe gesträubt hätten. Aber dein Blick
konnte nicht loskommen von dem im höllischen Treiben befan-
20 genen Mädchen, und der elektrische Schlag, der durch alle deine
Fibern und Nerven zitterte, entzündete mit der Schnelligkeit des
Blitzes in dir den mutigen Gedanken, Trotz zu bieten den geheimnisvollen Mächten des Feuerkreises; in ihm ging dein Grausen unter, ja der Gedanke selbst keimte auf in diesem Grausen und Entset-
25 zen als dessen Erzeugnis. Es war dir, als seist du selbst der Schutzengel einer, zu denen das zum Tode geängstigte Mädchen flehte, ja
als müsstest du nur gleich dein Taschenpistol hervorziehen, und
die Alte ohne weiteres totschießen! Aber, indem du das lebhaft
dachtest, schriest du laut auf: Heda! Oder: was gibt es dorten?
30 Oder: was treibt ihr da? – Der Postillion stieß schmetternd in sein
Horn, die Alte kugelte um in ihren Sud hinein, und alles war mit
einem Mal verschwunden in dickem Qualm. – Ob du das Mädchen,
das du nun mit recht innigem Verlangen in der Finsternis suchtest,

---

[1] starren
[2] in der Art der oft dunklen und unheimlichen Nachtbilder der großen Maler Rembrandt (1606–1669) und Pieter Breughel (1564–1638)

gefunden hättest, mag ich nicht behaupten, aber den Spuk des alten Weibes hattest du zerstört, und den Bann des magischen Kreises, in den sich Veronika leichtsinnig begeben, gelöst. – Weder du, günstiger Leser!, noch sonst jemand, fuhr oder ging aber am dreiundzwanzigsten September in der stürmischen, den Hexenkünsten günstigen Nacht des Weges, und Veronika musste ausharren am Kessel in tödlicher Angst, bis das Werk der Vollendung nahe. – Sie vernahm wohl, wie es um sie her heulte und brauste, wie allerlei widrige Stimmen durcheinander blökten und schnatterten, aber sie schlug die Augen nicht auf, denn sie fühlte, wie der Anblick des Grässlichen, des Entsetzlichen, von dem sie umgeben, sie in unheilbaren zerstörenden Wahnsinn stürzen könne. Die Alte hatte aufgehört, im Kessel zu rühren, immer schwächer und schwächer wurde der Qualm, und zuletzt brannte nur eine leichte Spiritusflamme im Boden des Kessels. Da rief die Alte: „Veronika, mein Kind! Mein Liebchen! Schau hinein in den Grund! – Was siehst du denn – was siehst du denn?" – Aber Veronika vermochte nicht zu antworten, unerachtet es ihr schien, als drehten sich allerlei verworrene Figuren im Kessel durcheinander; immer deutlicher und deutlicher gingen Gestalten hervor, und mit einem Mal trat, sie freundlich anblickend und die Hand ihr reichend, der Student Anselmus aus der Tiefe des Kessels. Da rief sie laut: „Ach, der Anselmus! – Der Anselmus!" – Rasch öffnete die Alte den am Kessel befindlichen Hahn, und glühendes Metall strömte zischend und prasselnd in eine kleine Form, die sie daneben gestellt. Nun sprang das Weib auf und kreischte, mit wilder grässlicher Gebärde sich herumschwingend: „Vollendet ist das Werk – Dank dir, mein Junge! – Hast Wache gehalten – Hui – Hui – er kommt! – Beiß ihn tot – beiß ihn tot!" Aber da brauste es mächtig durch die Lüfte, es war, als rausche ein ungeheurer Adler herab, mit den Fittigen um sich schlagend, und es rief mit entsetzlicher Stimme: „Hei, hei! – Ihr Gesindel! Nun ist's aus – nun ist's aus – fort zu Haus!" Die Alte stürzte heulend nieder, aber der Veronika vergingen Sinn' und Gedanken. – Als sie wieder zu sich selbst kam, war es heller Tag geworden, sie lag in ihrem Bette und Fränzchen stand mit einer Tasse dampfenden Tees vor ihr, sprechend: „Aber sage mir nur, Schwester, was dir ist, da stehe ich nun schon eine Stunde oder länger vor dir, und du liegst wie in

der Fieberhitze besinnungslos da und stöhnst und ächzest, dass uns angst und bange wird. Der Vater ist deinetwegen heute nicht in die Klasse gegangen, und wird gleich mit dem Herrn Doktor hereinkommen." – Veronika nahm schweigend den Tee; indem sie ihn
5 hinunterschlürfte, traten ihr die grässlichen Bilder der Nacht lebhaft vor Augen. „So war denn wohl alles nur ein ängstlicher Traum, der mich gequält hat? – Aber ich bin doch gestern Abend wirklich zur Alten gegangen, es war ja der dreiundzwanzigste September? – Doch bin ich wohl schon gestern recht krank geworden und habe
10 mir das alles nur eingebildet, und nichts hat mich krank gemacht, als das ewige Denken an den Anselmus und an die wunderliche alte Frau, die sich für die Liese ausgab und mich wohl nur damit geneckt hat." – Fränzchen, die hinausgegangen, trat wieder herein mit Veronikas ganz durchnässtem Mantel in der Hand. „Sieh nur, Schwes-
15 ter!", sagte sie, „wie es deinem Mantel ergangen ist; da hat der Sturm in der Nacht das Fenster aufgerissen und den Stuhl, auf dem der Mantel lag, umgeworfen; da hat es nun wohl hineingeregnet, denn der Mantel ist ganz nass." – Das fiel der Veronika schwer aufs Herz, denn sie merkte nun wohl, dass nicht ein Traum sie gequält,
20 sondern dass sie wirklich bei der Alten gewesen. Da ergriff sie Angst und Grausen, und ein Fieberfrost zitterte durch alle Glieder. Im krampfhaften Erbeben zog sie die Bettdecke fest über sich; aber da fühlte sie, dass etwas Hartes ihre Brust drückte, und als sie mit der Hand danach fasste, schien es ein Medaillon zu sein; sie zog es
25 hervor, als Fränzchen mit dem Mantel fortgegangen, und es war ein kleiner runder hellpolierter Metallspiegel. „Das ist ein Geschenk der Alten", rief sie lebhaft, und es war, als schössen feurige Strahlen aus dem Spiegel, die in ihr Innerstes drangen und es wohltuend erwärmten. Der Fieberfrost war vorüber und es durchströmte sie
30 ein unbeschreibliches Gefühl von Behaglichkeit und Wohlsein. – An den Anselmus musste sie denken, und als sie immer fester und fester den Gedanken auf ihn richtete, da lächelte er ihr freundlich aus dem Spiegel entgegen wie ein lebhaftes Miniaturporträt. Aber bald war es ihr, als sähe sie nicht mehr das Bild – nein! – Sondern
35 den Studenten Anselmus selbst leibhaftig. Er saß in einem hohen seltsam ausstaffierten Zimmer und schrieb emsig. Veronika wollte zu ihm hintreten, ihn auf die Schulter klopfen und sprechen: „Herr

Anselmus, schauen Sie doch um sich, ich bin ja da!" Aber das ging durchaus nicht an, denn es war, als umgäbe ihn ein leuchtender Feuerstrom, und wenn Veronika recht genau hinsah, waren es doch nur große Bücher mit vergoldetem Schnitt. Aber endlich gelang es
5 der Veronika, den Anselmus ins Auge zu fassen; da war es, als müsse er im Anschauen sich erst auf sie besinnen, doch endlich lächelte er und sprach: „Ach! – Sind Sie es, liebe Mademoiselle Paulmann! Aber warum belieben Sie sich denn zuweilen als Schlänglein zu gebärden?" Veronika musste über diese seltsamen Worte laut
10 auflachen; darüber erwachte sie wie aus einem tiefen Traume, und sie verbarg schnell den kleinen Spiegel, als die Tür aufging und der Konrektor Paulmann mit dem Doktor Eckstein ins Zimmer kam. Der Doktor Eckstein ging sogleich ans Bett, fasste, lange in tiefem Nachdenken versunken, Veronikas Puls und sagte dann: „Ei! – Ei!"
15 Hierauf schrieb er ein Rezept, fasste noch einmal den Puls, sagte wiederum: „Ei! Ei!" und verließ die Patientin. Aus diesen Äußerungen des Doktors Eckstein konnte aber der Konrektor Paulmann nicht recht deutlich entnehmen, was der Veronika denn wohl eigentlich fehlen möge.

Achte Vigilie

Die Bibliothek der Palmbäume. – Schicksale eines unglücklichen Salamanders. – Wie die schwarze Feder eine Runkelrübe liebkosete und der Registrator Heerbrand sich sehr betrank.

Der Student Anselmus hatte nun schon mehrere Tage bei dem Ar-
5 chivarius Lindhorst gearbeitet; diese Arbeitsstunden waren für ihn die glücklichsten seines Lebens, denn immer von lieblichen Klängen, von Serpentinas tröstenden Worten umflossen, ja oft von einem vorübergleitenden Hauche leise berührt, durchströmte ihn eine nie gefühlte Behaglichkeit, die oft bis zur höchsten Wonne
10 stieg. Jede Not, jede kleinliche Sorge seiner dürftigen Existenz war ihm aus Sinn und Gedanken entschwunden, und in dem neuen Leben, das ihm wie im hellen Sonnenglanze aufgegangen, begriff er alle Wunder einer höheren Welt, die ihn sonst mit Staunen, ja mit Grausen erfüllt hatten. Mit dem Abschreiben ging es sehr schnell,

indem es ihm immer mehr dünkte, er schreibe nur längst gekannte
Züge auf das Pergament hin und dürfe kaum nach dem Original
sehen, um alles mit der größten Genauigkeit nachzumalen. – Außer der Tischzeit ließ sich der Archivarius Lindhorst nur dann und
wann sehen, aber jedesmal erschien er genau in dem Augenblick,
wenn Anselmus eben die letzten Zeichen einer Handschrift vollendet hatte, und gab ihm dann eine andere, verließ ihn aber gleich
wieder schweigend, nachdem er nur mit einem schwarzen Stäb-
chen die Tinte umgerührt und die gebrauchten Federn mit neuen
schärfer gespitzten vertauscht hatte. Eines Tages, als Anselmus mit
dem Glockenschlag zwölf bereits die Treppe hinaufgestiegen, fand
er die Tür, durch die er gewöhnlich hineingegangen, verschlossen,
und der Archivarius Lindhorst erschien in seinem wunderlichen,
wie mit glänzenden Blumen bestreuten Schlafrock von der andern
Seite. Er rief laut: „Heute kommen Sie nur hier herein, werter Anselmus, denn wir müssen in das Zimmer, wo Bhogovotgitas Meister[1]
unsrer warten." Er schritt durch den Korridor und führte Anselmus
durch dieselben Gemächer und Säle, wie das erste Mal. – Der Student Anselmus erstaunte aufs Neue über die wunderbare Herrlich-
keit des Gartens, aber er sah nun deutlich, dass manche seltsame
Blüten, die an den dunklen Büschen hingen, eigentlich in glänzenden Farben prunkende Insekten waren, die mit den Flüglein auf
und nieder schlugen und durcheinander tanzend und wirbelnd sich
mit ihren Saugrüsseln zu liebkosen schienen. Dagegen waren wieder die rosenfarbnen und himmelblauen Vögel duftende Blumen,
und der Geruch, den sie verbreiteten, stieg aus ihren Kelchen empor in leisen lieblichen Tönen, die sich mit dem Geplätscher der
fernen Brunnen, mit dem Säuseln der hohen Stauden und Bäume
zu geheimnisvollen Akkorden einer tiefklagenden Sehnsucht ver-
mischten. Die Spottvögel, die ihn das erste Mal so geneckt und
gehöhnt, flatterten ihm wieder um den Kopf und schrien mit ihren
feinen Stimmchen unaufhörlich: „Herr Studiosus, Herr Studiosus,
eilen Sie nicht so – gucken Sie nicht so in die Wolken – Sie könnten

---

[1] Gemeint sind hier die altindischen Dichter; Bhogovotgita (eig. Bhaga-
wadgita, d. h. ‚Gesang Gottes') ist ein berühmtes altindisches Gedicht,
das das Verhältnis von Geist und Natur behandelt.

auf die Nase fallen. – He, he! Herr Studiosus – nehmen Sie den Pudermantel um – Gevatter Schuhu[1] soll Ihnen den Toupet[2] frisieren." – So ging es fort in allerlei dummem Geschwätz, bis Anselmus den Garten verlassen. Der Archivarius Lindhorst trat endlich in
5 das azurblaue Zimmer; der Porphyr mit dem goldnen Topf war verschwunden, stattdessen stand ein mit violettem Samt behangener Tisch, auf dem die dem Anselmus bekannten Schreibmaterialien befindlich, in der Mitte des Zimmers, und ein ebenso beschlagener Lehnstuhl stand vor demselben. „Lieber Herr Anselmus", sagte der
10 Archivarius Lindhorst, „Sie haben nun schon manches Manuskript schnell und richtig zu meiner großen Zufriedenheit kopiert; Sie haben sich mein Zutrauen erworben; das Wichtigste bleibt aber noch zu tun übrig, und das ist das Abschreiben oder vielmehr Nachmalen gewisser in besonderen Zeichen geschriebener Werke, die ich
15 hier in diesem Zimmer aufbewahre und die nur an Ort und Stelle kopiert werden können. – Sie werden daher künftig hier arbeiten, aber ich muss Ihnen die größte Vorsicht und Aufmerksamkeit empfehlen; ein falscher Strich, oder was der Himmel verhüten möge, ein Tintenfleck auf das Original gespritzt, stürzt Sie ins Unglück."
20 – Anselmus bemerkte, dass aus den goldnen Stämmen der Palmbäume kleine smaragdgrüne Blätter herausragten; eins dieser Blätter erfasste der Archivarius, und Anselmus wurde gewahr, dass das Blatt eigentlich in einer Pergamentrolle bestand, die der Archivarius aufwickelte und vor ihm auf den Tisch breitete. Anselmus wunderte
25 sich nicht wenig über die seltsam verschlungenen Zeichen, und bei dem Anblick der vielen Pünktchen, Striche und Züge und Schnörkel, die bald Pflanzen, bald Moose, bald Tiergestalten darzustellen schienen, wollte ihm beinahe der Mut sinken, alles so genau nachmalen zu können. Er geriet darüber in tiefe Gedanken. „Mut ge-
30 fasst, junger Mensch!", rief der Archivarius, „hast du bewährten Glauben und wahre Liebe, so hilft dir Serpentina!" Seine Stimme tönte wie klingendes Metall, und als Anselmus in jähem Schreck aufblickte, stand der Archivarius Lindhorst in der königlichen Gestalt vor ihm, wie er ihm bei dem ersten Besuch im Bibliothekzim-

---

[1] Uhu (Anrede als Verwandter)
[2] (frz.) Perücke

mer erschienen. Es war dem Anselmus, als müsse er von Ehrfurcht
durchdrungen auf die Kniee sinken, aber da stieg der Archivarius
Lindhorst an dem Stamm eines Palmbaums in die Höhe und verschwand in den smaragdenen Blättern. – Der Student Anselmus
5 begriff, dass der Geisterfürst mit ihm gesprochen und nun in sein
Studierzimmer hinaufgestiegen, um vielleicht mit den Strahlen, die
einige Planeten als Gesandte zu ihm geschickt, Rücksprache zu halten, was nun mit ihm und der holden Serpentina geschehen solle.
– Auch kann es sein, dachte er ferner, dass ihn Neues von den Quel-
10 len des Nils erwartet, oder dass ein Magus[1] aus Lappland ihn be-
sucht – mir geziemt es nun, emsig an die Arbeit zu gehen. – Und
damit fing er an, die fremden Zeichen der Pergamentrolle zu stu-
dieren. – Die wunderbare Musik des Gartens tönte zu ihm herüber
und umgab ihn mit süßen lieblichen Düften, auch hörte er wohl die
15 Spottvögel kichern, doch verstand er ihre Worte nicht, was ihm auch
recht lieb war. Zuweilen war es auch, als rauschten die smaragdenen Blätter der Palmbäume, und als strahlten dann die holden
Kristallklänge, welche Anselmus an jenem verhängnisvollen Himmelfahrtstage unter dem Holunderbusch hörte, durch das Zimmer.
20 Der Student Anselmus, wunderbar gestärkt durch dies Tönen und
Leuchten, richtete immer fester und fester Sinn und Gedanken auf
die Überschrift der Pergamentrolle, und bald fühlte er wie aus dem
Innersten heraus, dass die Zeichen nichts anders bedeuten könnten,
als die Worte: Von der Vermählung des Salamanders mit der grünen
25 Schlange. – Da ertönte ein starker Dreiklang heller Kristallglocken.
– „Anselmus, lieber Anselmus", wehte es ihm zu aus den Blättern,
und, o Wunder!, an dem Stamm des Palmbaums schlängelte sich
die grüne Schlange herab. – „Serpentina! Holde Serpentina!", rief
Anselmus wie im Wahnsinn des höchsten Entzückens, denn so wie
30 er schärfer hinblickte, da war es ja ein liebliches herrliches Mädchen, die mit den dunkelblauen Augen, wie sie in seinem Innern
lebten, voll unaussprechlicher Sehnsucht ihn anschauend, ihm ent-
gegenschwebte. Die Blätter schienen sich herabzulassen und auszudehnen, überall sprossten Stacheln aus den Stämmen, aber Ser-
35 pentina wand und schlängelte sich geschickt durch, indem sie ihr

---

[1] (lat.) Magier, Zauberer

flatterndes, wie in schillernden Farben glänzendes Gewand nach
sich zog, sodass es sich dem schlanken Körper anschmiegend nir-
gends hängen blieb an den hervorragenden Spitzen und Stacheln
der Palmbäume. Sie setzte sich neben dem Anselmus auf densel-
5 ben Stuhl, ihn mit dem Arm umschlingend und an sich drückend,
sodass er den Hauch, der von ihren Lippen strömte, die elektrische
Wärme ihres Körpers fühlte. „Lieber Anselmus!", fing Serpentina
an, „nun bist du bald ganz mein, durch deinen Glauben, durch deine Liebe erringst du mich, und ich bringe dir den goldnen Topf, der
10 uns beide beglückt immerdar." – „O du holde, liebe Serpentina",
sagte Anselmus, „wenn ich nur dich habe, was kümmert mich sonst
alles Übrige; wenn du nur mein bist, so will ich gern untergehen in
all dem Wunderbaren und Seltsamen, was mich befängt seit dem
Augenblick, als ich dich sah." „Ich weiß wohl", fuhr Serpentina fort,
15 „dass das Unbekannte und Wunderbare, womit mein Vater oft nur
zum Spiel seiner Laune dich umfangen, Grausen und Entsetzen in
dir erregt hat, aber jetzt soll es, wie ich hoffe, nicht wieder geschehen, denn ich bin in diesem Augenblick nur da, um dir, mein lieber
Anselmus, alles und jedes aus tiefem Gemüte, aus tiefer Seele haar-
20 klein zu erzählen, was dir zu wissen nötig, um meinen Vater ganz
zu kennen, und überhaupt recht deutlich einzusehen, was es mit
ihm und mit mir für eine Bewandtnis hat." – Dem Anselmus war es,
als sei er von der holden lieblichen Gestalt so ganz und gar umschlungen und umwunden, dass er sich nur mit ihr regen und be-
25 wegen könne, und als sei es nur der Schlag ihres Pulses, der durch
seine Fibern und Nerven zittere; er horchte auf jedes ihrer Worte,
das bis in sein Innerstes hinein erklang, und wie ein leuchtender
Strahl, die Wonne des Himmels in ihm entzündete. Er hatte den
Arm um ihren schlanker als schlanken Leib gelegt, aber der schil-
30 lernde glänzende Stoff ihres Gewandes war so glatt, so schlüpfrig,
dass es ihm schien, als könne sie, sich ihm schnell entwindend,
unaufhaltsam entschlüpfen, und er erbebte bei dem Gedanken.
„Ach, verlass mich nicht, holde Serpentina", rief er unwillkürlich
aus, „nur du bist mein Leben!" – „Nicht eher heute", sagte Serpen-
35 tina, „als bis ich alles erzählt habe, was du in deiner Liebe zu mir
begreifen kannst. – Wisse also, Geliebter!, dass mein Vater aus dem
wunderbaren Geschlecht der Salamander abstammt, und dass ich

mein Dasein seiner Liebe zur grünen Schlange verdanke. In uralter
Zeit herrschte in dem Wunderlande Atlantis der mächtige Geisterfürst Phosphorus, dem die Elementargeister[1] dienten. Einst ging
der Salamander, den er vor allen liebte (es war mein Vater), in dem
5 prächtigen Garten, den des Phosphorus Mutter mit ihren schönsten Gaben auf das Herrlichste geschmückt hatte, umher, und hörte,
wie eine hohe Lilie in leisen Tönen sang: „Drücke fest die Äuglein
zu, bis mein Geliebter, der Morgenwind, dich weckt." Er trat hinzu;
von seinem glühenden Hauch berührt, erschloss die Lilie ihre Blät-
10 ter, und er erblickte der Lilie Tochter, die grüne Schlange, welche in
dem Kelch schlummerte. Da wurde der Salamander von heißer Liebe zu der schönen Schlange ergriffen, und er raubte sie der Lilie,
deren Düfte in namenloser Klage vergebens im ganzen Garten nach
der geliebten Tochter riefen. Denn der Salamander hatte sie in das
15 Schloss des Phosphorus getragen und bat ihn: „Vermähle mich mit
der Geliebten, denn sie soll mein Eigen sein immerdar." „Törichter,
was verlangst du!", sprach der Geisterfürst, „wisse, dass einst die
Lilie meine Geliebte war und mit mir herrschte, aber der Funke, den
ich in sie warf, drohte sie zu vernichten, und nur der Sieg über den
20 schwarzen Drachen, den jetzt die Erdgeister in Ketten gebunden
halten, erhielt die Lilie, dass ihre Blätter stark genug blieben, den
Funken in sich zu schließen und zu bewahren. Aber, wenn du die
grüne Schlange umarmst, wird deine Glut den Körper verzehren
und ein neues Wesen schnell emporkeimend sich dir entschwin-
25 gen." Der Salamander achtete der Warnung des Geisterfürsten
nicht; voll glühenden Verlangens schloss er die grüne Schlange in
seine Arme, sie zerfiel in Asche und ein geflügeltes Wesen aus der
Asche geboren rauschte fort durch die Lüfte. Da ergriff den Salamander der Wahnsinn der Verzweiflung, und er rannte Feuer und
30 Flammen sprühend durch den Garten und verheerte ihn in wilder
Wut, dass die schönsten Blumen und Blüten verbrannt niedersan-
ken und ihr Jammer die Luft erfüllte. Der hocherzürnte Geisterfürst
erfasste im Grimm den Salamander und sprach: „Ausgeraset hat

---

[1] nach alter Überlieferung halbgöttliche Naturwesen, die den vier Ele-
menten zugeordnet sind: Salamander (Feuer), Undinen (Wasser), Syl-
phen (Luft) und Gnomen (Erde)

dein Feuer – erloschen sind deine Flammen, erblindet deine Strahlen – sinke hinab zu den Erdgeistern, die mögen dich necken und
höhnen und gefangen halten, bis der Feuerstoff sich wieder entzündet und mit dir als einem neuen Wesen aus der Erde emporstrahlt."
5 Der arme Salamander sank erloschen hinab, aber da trat der alte
mürrische Erdgeist, der des Phosphorus Gärtner war, hinzu und
sprach: „Herr! Wer sollte mehr über den Salamander klagen, als
ich! – Habe ich nicht all die schönen Blumen, die er verbrannt, mit
meinen schönsten Metallen geputzt, habe ich nicht ihre Keime wa-
10 cker gehegt und gepflegt und an ihnen manche schöne Farbe ver-
schwendet? – Und doch nehme ich mich des armen Salamanders
an, den nur die Liebe, von der du selbst schon oft, o Herr!, befangen, zur Verzweiflung getrieben, in der er den Garten verwüstet. –
Erlasse ihm die zu harte Strafe!" – „Sein Feuer ist für jetzt erlo-
15 schen", sprach der Geisterfürst, „in der unglücklichen Zeit, wenn
die Sprache der Natur dem entarteten Geschlecht der Menschen
nicht mehr verständlich sein, wenn die Elementargeister in ihre Regionen gebannt nur aus weiter Ferne in dumpfen Anklängen zu
dem Menschen sprechen werden, wenn dem harmonischen Kreise
20 entrückt, nur ein unendliches Sehnen ihm die dunkle Kunde von
dem wundervollen Reiche geben wird, das er sonst bewohnen durfte, als noch Glaube und Liebe in seinem Gemüte wohnten, – in
dieser unglücklichen Zeit entzündet sich der Feuerstoff des Salamanders aufs Neue, doch nur zum Menschen keimt er empor und
25 muss, ganz eingehend in das dürftige Leben, dessen Bedrängnisse
ertragen. Aber nicht allein die Erinnerung an seinen Urzustand soll
ihm bleiben, sondern er lebt auch wieder auf in der heiligen Harmo-
nie mit der ganzen Natur, er versteht ihre Wunder, und die Macht
der verbrüderten Geister steht ihm zu Gebote. In einem Lilienbusch
30 findet er dann die grüne Schlange wieder, und die Frucht seiner
Vermählung mit ihr sind drei Töchter, die den Menschen in der Gestalt der Mutter erscheinen. Zur Frühlingszeit sollen sie sich in den
dunklen Holunderbusch hängen und ihre lieblichen Kristallstim-
men ertönen lassen. Findet sich dann in der dürftigen armseligen
35 Zeit der innern Verstocktheit ein Jüngling, der ihren Gesang ver-
nimmt, ja, blickt ihn eine der Schlänglein mit ihren holdseligen Augen an, entzündet der Blick in ihm die Ahnung des fernen wunder-

vollen Landes, zu dem er sich mutig emporschwingen kann, weil er
die Bürde[1] des Gemeinen abgeworfen, keimt mit der Liebe zur
Schlange in ihm der Glaube an die Wunder der Natur, ja an seine
eigene Existenz in diesen Wundern glutvoll und lebendig auf, so
5 wird die Schlange sein. Aber nicht eher, bis drei Jünglinge dieser Art
erfunden und mit den drei Töchtern vermählt werden, darf der Salamander seine lästige Bürde abwerfen und zu seinen Brüdern gehen." „Erlaube, Herr", sagte der Erdgeist, „dass ich diesen drei
Töchtern ein Geschenk mache, das ihr Leben mit dem gefundenen
10 Gemahl verherrlicht. Jede erhält von mir einen Topf vom schönsten
Metall, das ich besitze, den poliere ich mit Strahlen, die ich dem
Diamant entnommen; in seinem Glanze soll sich unser wunder-
volles Reich, wie es jetzt im Einklang mit der ganzen Natur besteht,
in blendendem herrlichen Widerschein abspiegeln, aus seinem In-
15 nern aber in dem Augenblick der Vermählung eine Feuerlilie ent-
sprießen, deren ewige Blüte den bewährt befundenen Jüngling süß
duftend umfängt. Bald wird er dann ihre Sprache, die Wunder un-
seres Reichs verstehen und selbst mit der Geliebten in Atlantis[2]
wohnen." – Du weißt nun wohl, lieber Anselmus!, dass mein Vater
20 eben der Salamander ist, von dem ich dir erzählt. Er musste seiner
höheren Natur unerachtet sich den kleinlichsten Bedrängnissen
des gemeinen Lebens unterwerfen, und daher kommt wohl oft die
schadenfrohe Laune, mit der er manche neckt. Er hat mir oft gesagt, dass für die innere Geistesbeschaffenheit, wie sie der Geistes-
25 fürst Phosphorus damals als Bedingnis der Vermählung mit mir
und meinen Schwestern aufgestellt, man jetzt einen Ausdruck habe, der aber nur zu oft unschicklicher Weise gemissbraucht werde;
man nenne das nämlich ein kindliches poetisches Gemüt. – Oft
finde man dieses Gemüt bei Jünglingen, die der hohen Einfachheit
30 ihrer Sitten wegen, und weil es ihnen ganz an der sogenannten
Weltbildung fehle, von dem Pöbel verspottet würden. Ach, lieber
Anselmus! – Du verstandest ja unter dem Holunderbusch meinen
Gesang – meinen Blick – du liebst die grüne Schlange, du glaubst
an mich und willst mein sein immerdar! – Die schöne Lilie wird

---

[1]   Last
[2]   mythische, untergegangene Insel

emporblühen aus dem goldnen Topf und wir werden vereint glücklich und selig in Atlantis wohnen! – Aber nicht verhehlen kann ich
dir, dass im grässlichen Kampf mit den Salamandern und Erdgeistern sich der schwarze Drache loswand und durch die Lüfte davon-
brauste. Phosphorus hält ihn zwar wieder in Banden, aber aus den
schwarzen Federn, die im Kampfe auf die Erde stäubten, keimten
feindliche Geister empor, die überall den Salamandern und Erdgeistern widerstreben. Jenes Weib, das dir so feindlich ist, lieber
Anselmus!, und die, wie mein Vater recht gut weiß, nach dem Besitz
des goldnen Topfes strebt, hat ihr Dasein der Liebe einer solchen
aus dem Fittig des Drachen herabgestäubten Feder zu einer Runkelrübe[1] zu verdanken. Sie erkennt ihren Ursprung und ihre Gewalt,
denn in dem Stöhnen, in den Zuckungen des gefangenen Drachen
werden ihr die Geheimnisse mancher wundervollen Konstellation
offenbar, und sie bietet alle Mittel auf, von außen hinein ins Innere
zu wirken, wogegen sie mein Vater mit den Blitzen, die aus dem
Innern des Salamanders hervorschießen, bekämpft. Alle die feindlichen Prinzipe, die in schädlichen Kräutern und giftigen Tieren
wohnen, sammelt sie und erregt, sie mischend in günstiger Konstellation, manchen bösen Spuk, der des Menschen Sinne mit
Grauen und Entsetzen befängt und ihn der Macht jener Dämonen,
die der Drache im Kampfe unterliegend erzeugte, unterwirft. Nimm
dich vor der Alten in Acht, lieber Anselmus, sie ist dir feind, weil
dein kindlich frommes Gemüt schon manchen ihrer bösen Zauber
vernichtet. – Halte treu – treu – an mir, bald bist du am Ziel!" – „O
meine – meine Serpentina!", rief der Student Anselmus, „wie sollte
ich denn nur von dir lassen können, wie sollte ich dich nicht lieben
ewiglich!" – Ein Kuss brannte auf seinem Munde, er erwachte wie
aus einem tiefen Traume, Serpentina war verschwunden, es schlug
sechs Uhr, da fiel es ihm schwer aufs Herz, dass er nicht das
Mindeste kopiert habe; er blickte voll Besorgnis, was der Archivarius wohl sagen werde, auf das Blatt, und o Wunder! Die Kopie des
geheimnisvollen Manuskripts war glücklich beendigt, und er
glaubte, schärfer die Züge betrachtend, Serpentinas Erzählung von
ihrem Vater, dem Liebling des Geisterfürsten Phosphorus im Wun-

---

[1] Rübensorte, die als Tierfutter angebaut wird

derlande Atlantis, abgeschrieben zu haben. Jetzt trat der Archivarius Lindhorst in seinem weißgrauen Überrock, den Hut auf dem
Kopfe, den Stock in der Hand, herein; er sah in das von dem Anselmus beschriebene Pergament, nahm eine große Prise und sagte
5 lächelnd: „Das dacht' ich wohl! – Nun! Hier ist der Speziestaler,
Herr Anselmus, jetzt wollen wir noch nach dem Linke'schen Bade
gehen – nur mir nach!" – Der Archivarius schritt rasch durch den
Garten, in dem ein solcher Lärm von Singen, Pfeifen, Sprechen
durcheinander war, dass der Student Anselmus ganz betäubt wur-
10 de und dem Himmel dankte, als er sich auf der Straße befand.
Kaum waren sie einige Schritte gegangen, als sie dem Registrator
Heerbrand begegneten, der freundlich sich anschloss. Vor dem
Tore stopften sie die mitgenommenen Pfeifen; der Registrator
Heerbrand beklagte, kein Feuerzeug bei sich zu tragen, da rief der
15 Archivarius Lindhorst ganz unwillig: „Was Feuerzeug! – Hier ist
Feuer, soviel Sie wollen!" Und damit schnippte er mit den Fingern,
aus denen große Funken strömten, die die Pfeifen schnell anzünde-
ten. „Sehen Sie das chemische Kunststückchen", sagte der Registrator Heerbrand, aber der Student Anselmus dachte nicht ohne
20 inneres Erbeben an den Salamander. – Im Linke'schen Bade trank
der Registrator Heerbrand so viel starkes Doppelbier, dass er, sonst
ein gutmütiger stiller Mann, anfing, in einem quäkenden Tenor Bur-
schenlieder zu singen, jeden hitzig fragte: ob er sein Freund sei
oder nicht, und endlich von dem Studenten Anselmus zu Hause
25 gebracht werden musste, als der Archivarius Lindhorst schon längst
auf und davon war.

Neunte Vigilie

Wie der Student Anselmus zu einiger Vernunft gelangte. – Die
Punschgesellschaft. – Wie der Student Anselmus den Konrektor
Paulmann für einen Schuhu hielt, und dieser darob sehr erzürnte. –
Der Tintenklecks und seine Folgen.

5 Alles das Seltsame und Wundervolle, welches dem Studenten Anselmus täglich begegnet war, hatte ihn ganz dem gewöhnlichen
Leben entrückt. Er sah keinen seiner Freunde mehr und harrte je-

den Morgen mit Ungeduld auf die zwölfte Stunde, die ihm sein
Paradies aufschloss. Und doch, indem sein ganzes Gemüt der holden Serpentina und den Wundern des Feenreiches bei dem Archivarius Lindhorst zugewandt war, musste er zuweilen unwillkürlich
5 an Veronika denken, ja manchmal schien es ihm, als träte sie zu
ihm hin und gestehe errötend, wie herzlich sie ihn liebe und wie sie
danach trachte, ihn den Phantomen, von denen er nur geneckt und
verhöhnt werde, zu entreißen. Zuweilen war es, als risse eine fremde, plötzlich auf ihn einbrechende Macht ihn unwiderstehlich hin
10 zur vergessenen Veronika, und er müsse ihr folgen, wohin sie nur
wolle, als sei er festgekettet an das Mädchen. Gerade in der Nacht
darauf, als er Serpentina zum ersten Mal in der Gestalt einer wunderbar holdseligen Jungfrau geschaut, als ihm das wunderbare Geheimnis der Vermählung des Salamanders mit der grünen Schlan-
15 ge offenbar worden, trat ihm Veronika lebhafter vor die Augen, als
jemals. – Ja! – Erst als er erwachte, wurde er deutlich gewahr, dass
er nur geträumt habe, da er überzeugt gewesen, Veronika sei wirklich bei ihm und klage mit dem Ausdruck eines tiefen Schmerzes,
der sein Innerstes durchdrang, dass es ihre innige Liebe den fan-
20 tastischen Erscheinungen, die nur seine innere Zerrüttung hervor-
rufe, aufopfern und noch darüber in Unglück und Verderben geraten werde. Veronika war liebenswürdiger, als er sie je gesehen; er
konnte sie kaum aus den Gedanken bringen, und dieser Zustand
verursachte ihm eine Qual, der er bei einem Morgenspaziergang
25 zu entrinnen hoffte. Eine geheime magische Gewalt zog ihn vor
das Pirnaer Tor, und eben wollte er in eine Nebenstraße einbiegen,
als der Konrektor Paulmann hinter ihm herkommend laut rief: „Ei,
ei! – Wertester Herr Anselmus! – Amice[1]! – Amice! Wo um des
Himmels willen stecken Sie denn, Sie lassen sich ja gar nicht mehr
30 sehen – wissen Sie wohl, dass sich Veronika recht sehnt, wieder
einmal eins mit Ihnen zu singen? – Nun kommen Sie nur, Sie wollten ja doch zu mir!" – Der Student Anselmus ging notgedrungen
mit dem Konrektor. Als sie in das Haus traten, kam ihnen Veronika
sehr sauber und sorgfältig gekleidet entgegen, sodass der Konrek-
35 tor Paulmann voll Erstaunen fragte: „Nun, warum so geputzt, hat

---

[1] (lat.) Freund (Anredeform)

man denn Besuch erwartet? – Aber hier bringe ich den Herrn Anselmus!" – Als der Student Anselmus sittig und artig der Veronika die
Hand küsste, fühlte er einen leisen Druck, der wie ein Glutstrom
durch alle Fibern und Nerven zuckte. Veronika war die Heiterkeit,
5 die Anmut selbst, und als Paulmann nach seinem Studierzimmer
gegangen, wusste sie durch allerhand Neckerei und Schalkheit den
Anselmus so hinaufzuschrauben, dass er alle Blödigkeit[1] vergaß
und sich zuletzt mit dem ausgelassenen Mädchen im Zimmer her-
umjagte. Da kam ihm aber wieder einmal der Dämon des Unge-
10 schicks über den Hals, er stieß an den Tisch und Veronikas nied-
liches Nähkästchen fiel herab. Anselmus hob es auf, der Deckel
war aufgesprungen und es blinkte ihm ein kleiner runder Metallspiegel entgegen, in den er mit ganz eigner Lust hineinschaute.
Veronika schlich sich leise hinter ihn, legte die Hand auf seinen
15 Arm und schaute sich fest an ihn schmiegend ihm über die Schulter auch in den Spiegel. Da war es dem Anselmus, als beginne ein
Kampf in seinem Innern – Gedanken – Bilder – blitzten hervor und
vergingen wieder – der Archivarius Lindhorst – Serpentina – die
grüne Schlange – endlich wurde es ruhiger und alles Verworrene
20 fügte und gestaltete sich zum deutlichen Bewusstsein. Ihm wurde
es nun klar, dass er nur beständig an Veronika gedacht, ja dass die
Gestalt, welche ihm gestern in dem blauen Zimmer erschienen,
auch eben Veronika gewesen, und dass die fantastische Sage von
der Vermählung des Salamanders mit der grünen Schlange ja nur
25 von ihm geschrieben, keineswegs aber erzählt worden sei. Er wunderte sich selbst über seine Träumereien und schrieb sie lediglich
seinem durch die Liebe zu Veronika exaltierten[2] Seelenzustande,
sowie der Arbeit bei dem Archivarius Lindhorst zu, in dessen Zim-
mern es noch überdem so sonderbar betäubend dufte. Er musste
30 herzlich über die tolle Einbildung lachen, in eine kleine Schlange
verliebt zu sein und einen wohlbestallten geheimen Archivarius für
einen Salamander zu halten. "Ja, ja! – Es ist Veronika!", rief er laut,
aber indem er den Kopf umwandte, schaute er gerade in Veronikas
blaue Augen hinein, in denen Liebe und Sehnsucht strahlten. Ein

---

[1] Schüchternheit
[2] übertriebenen, überspannten

dumpfes Ach! entfloh ihren Lippen, die in dem Augenblick auf den seinigen brannten. „O ich Glücklicher", seufzte der entzückte Student, „was ich gestern nur träumte, wird mir heute wirklich und in der Tat zuteil." – „Und willst du mich denn wirklich heiraten, wenn du Hofrat worden?", fragte Veronika. „Allerdings!", antwortete der Student Anselmus; indem knarrte die Tür, und der Konrektor Paulmann trat mit den Worten herein: „Nun, wertester Herr Anselmus, lasse ich Sie heute nicht fort, Sie nehmen vorlieb bei mir mit einer Suppe, und nachher bereitet uns Veronika einen köstlichen Kaffee, den wir mit dem Registrator Heerbrand, welcher herzukommen versprochen, genießen." – „Ach, bester Herr Konrektor", erwiderte der Student Anselmus, „wissen Sie denn nicht, dass ich zum Archivarius Lindhorst muss, des Abschreibens wegen?" „Schauen Sie, Amice!", sagte der Konrektor Paulmann, indem er ihm die Taschenuhr hinhielt, welche auf halb eins wies. Der Student Anselmus sah nun wohl ein, dass es viel zu spät sei, zu dem Archivarius Lindhorst zu wandern, und fügte sich den Wünschen des Konrektors umso lieber, als er nun die Veronika den ganzen Tag über schauen und wohl manchen verstohlnen Blick, manchen zärtlichen Händedruck zu erhalten, ja wohl gar einen Kuss zu erobern hoffte. So hoch verstiegen sich jetzt die Wünsche des Studenten Anselmus, und es wurde ihm immer behaglicher zumute, je mehr er sich überzeugte, dass er bald von all den fantastischen Einbildungen befreit sein werde, die ihn wirklich ganz und gar zum wahnwitzigen Narren hätten machen können. – Der Registrator Heerbrand fand sich wirklich nach Tische ein und als der Kaffee genossen und die Dämmerung bereits eingebrochen, gab er schmunzelnd und fröhlich die Hände reibend zu verstehen: er trage etwas mit sich, was durch Veronikas schöne Hände gemischt und in gehörige Form gebracht, gleichsam foliiert und rubriziert[1] ihnen allen an dem kühlen Oktoberabende erfreulich sein werde. „So rücken Sie denn nur heraus mit dem geheimnisvollen Wesen, das Sie bei sich tragen, geschätztester Registrator", rief der Konrektor Paulmann; aber der Registrator Heerbrand griff in die tiefe Tasche seines Matins[2] und

---

[1] nummeriert und geordnet (eigentlich in Bezug auf Aktenblätter o. Ä.)
[2] weit geschnittene Jacke

brachte in drei Reprisen[1] eine Flasche Arrak[2], Zitronen und Zucker
zum Vorschein. Kaum war eine halbe Stunde vergangen, so dampf-
te ein köstlicher Punsch auf Paulmanns Tische. Veronika kredenzte
das Getränk, und es gab allerlei gemütliche muntre Gespräche unter den Freunden. Aber sowie dem Studenten Anselmus der Geist
des Getränkes zu Kopfe stieg, kamen auch alle Bilder des Wunderbaren, Seltsamen, was er in kurzer Zeit erlebt, wieder zurück. – Er
sah den Archivarius Lindhorst in seinem damastnen Schlafrock,
der wie Phosphor erglänzte – er sah das azurblaue Zimmer, die
goldnen Palmbäume, ja es wurde ihm wieder so zumute, als müsse er doch an die Serpentina glauben – es brauste, es gärte in seinem Inneren. Veronika reichte ihm ein Glas Punsch, und indem er
es fasste, berührte er leise ihre Hand. – „Serpentina! Veronika!"
seufzte er in sich hinein. Er versank in tiefe Träume, aber der Registrator Heerbrand rief ganz laut: „Ein wunderlicher alter Mann, aus
dem niemand klug wird, bleibt er doch, der Archivarius Lindhorst.
– Nun er soll leben! Stoßen Sie an, Herr Anselmus!" – Da fuhr der
Student Anselmus auf aus seinen Träumen und sagte, indem er
mit dem Registrator Heerbrand anstieß: „Das kommt daher, verehrungswürdiger Herr Registrator, weil der Herr Archivarius Lindhorst eigentlich ein Salamander ist, der den Garten des Geisterfürsten Phosphorus im Zorn verwüstete, weil ihm die grüne
Schlange davongeflogen." „Wie – was?", fragte der Konrektor Paulmann. „Ja", fuhr der Student Anselmus fort, „deshalb muss er nun
königlicher Archivarius sein und hier in Dresden mit seinen drei
Töchtern wirtschaften, die aber weiter nichts sind, als kleine goldgrüne Schlänglein, die sich in Holunderbüschen sonnen, verführe-
risch singen und die jungen Leute verlocken wie die Sirenen[3]. –
„Herr Anselmus – Herr Anselmus!", rief der Konrektor Paulmann,
„rappelt's Ihnen im Kopfe? – Was um des Himmels willen schwat-
zen Sie für ungewaschenes Zeug?" „Er hat Recht," fiel der Registrator Heerbrand ein, „der Kerl, der Archivarius, ist ein verfluchter

---

[1] Wiederholungen
[2] hochprozentiger Reisbranntwein
[3] weibliche Fabelwesen, die durch ihren Gesang vorbeifahrende Schiffer
anlocken, um sie ertrinken zu lassen

Salamander, der mit den Fingern feurige Schnippchen schlägt, die einem Löcher in den Überrock brennen wie glühender Schwamm. – Ja, ja, du hast Recht, Brüderchen Anselmus, und wer es nicht glaubt, ist mein Feind!" Und damit schlug der Registrator Heer-
5 brand mit der Faust auf den Tisch, dass die Gläser klirrten. „Regis-trator! – sind Sie rasend?", schrie der erboste Konrektor. – „Herr Studiosus – Herr Studiosus, was richten Sie denn nun wieder an?" – „Ach!" sagte der Student, „Sie sind auch weiter nichts als ein Vogel – ein Schuhu, der die Toupets frisiert, Herr Konrektor!" „Was?
10 – ich ein Vogel – ein Schuhu – ein Friseur?" – schrie der Konrektor voller Zorn – „Herr, Sie sind toll – toll!" – „Aber die Alte kommt ihm über den Hals", rief der Registrator Heerbrand. „Ja, die Alte ist mächtig", fiel der Student Anselmus ein, „unerachtet sie nur von niederer Herkunft, denn ihr Papa ist nichts als ein lumpiger Fleder-
15 wisch[1] und ihre Mama eine schnöde Runkelrübe, aber ihre meiste Kraft verdankt sie allerlei feindlichen Kreaturen – giftigen Kanail-len[2], von denen sie umgeben." „Das ist eine abscheuliche Verleum-dung", rief Veronika mit zornglühenden Augen, „die alte Liese ist eine weise Frau und der schwarze Kater keine feindliche Kreatur,
20 sondern ein gebildeter junger Mann von feinen Sitten und ihr Cou-sin germain[3]." – „Kann *der* Salamander fressen, ohne sich den Bart zu versengen und elendiglich draufzugehn?", sagte der Registrator Heerbrand. „Nein, nein!", schrie der Student Anselmus, „nun und nimmermehr wird er das können; und die grüne Schlange liebt
25 mich, denn ich bin ein kindliches Gemüt und habe Serpentinas Augen geschaut." – „Die wird der Kater auskratzen", rief Veronika. – „Salamander – Salamander bezwingt sie alle – alle", brüllte der Konrektor Paulmann in höchster Wut; – „aber bin ich in einem Tollhause[4]? Bin ich selbst toll? – Was schwatze ich denn für wahn-
30 witziges Zeug? – Ja ich bin auch toll – auch toll!" – Damit sprang der Konrektor Paulmann auf, riss sich die Perücke vom Kopfe und schleuderte sie gegen die Stubendecke, dass die gequetschten Lo-

---

[1] Staubwedel
[2] bösartige Menschen
[3] (frz.) Vetter
[4] Irrenanstalt

cken ächzten und im gänzlichen Verderben aufgelöst den Puder weit umherstäubten. Da ergriffen der Student Anselmus und der Registrator Heerbrand die Punschterrine, die Gläser, und warfen sie jubelnd und jauchzend an die Stubendecke, dass die Scherben
5 klirrend und klingend umhersprangen. „Vivat[1] Salamander – pereat – pereat[2] die Alte – zerbrecht den Metallspiegel, hackt dem Kater die Augen aus! – Vöglein – Vöglein aus den Lüften – Eheu – Eheu – Evoe[3] – Salamander!" – So schrien und brüllten die drei wie Besessene durcheinander. Laut weinend sprang Fränzchen davon,
10 aber Veronika lag winselnd vor Jammer und Schmerz auf dem Sofa. Da ging die Tür auf, alles war plötzlich still und es trat ein kleiner Mann in einem grauen Mäntelchen herein. Sein Gesicht hatte etwas seltsam Gravitätisches, und vorzüglich zeichnete sich die krummgebogene Nase, auf der eine große Brille saß, vor allen je-
15 mals gesehenen aus. Auch trug er solch eine besondere Perücke, dass sie eher eine Federmütze zu sein schien. „Ei, schönen guten Abend!", schnarrte das possierliche[4] Männlein, „hier finde ich ja wohl den Studiosum Herrn Anselmus? Gehorsamste Empfehlung vom Herrn Archivarius Lindhorst und er habe heute vergebens auf
20 den Herrn Anselmus gewartet, aber morgen lasse er schönstens bitten, ja nicht die gewohnte Stunde zu versäumen." Damit schritt er wieder zur Tür hinaus, und alle sahen nun wohl, dass das gravitätische Männlein eigentlich ein grauer Papagei war. Der Konrektor Paulmann und der Registrator Heerbrand schlugen eine Lache auf,
25 die durch das Zimmer dröhnte, und dazwischen winselte und ächzte Veronika wie von namenlosem Jammer zerrissen, aber den Studenten Anselmus durchzuckte der Wahnsinn des innern Entsetzens und er rannte bewusstlos zur Tür hinaus durch die Straßen. Mechanisch fand er seine Wohnung, sein Stübchen. Bald dar-
30 auf trat Veronika friedlich und freundlich zu ihm und fragte: Warum er sie denn im Rausch so geängstigt habe und er möge sich nur vor neuen Einbildungen hüten, wenn er bei dem Archivarius Lindhorst

---

[1] (lat.) Es lebe
[2] (lat.) es vergehe
[3] Lateinische Jubelrufe
[4] niedliche, drollige

arbeite. „Gute Nacht, gute Nacht, mein lieber Freund", lispelte leise Veronika und hauchte einen Kuss auf seine Lippen. Er wollte sie
mit seinen Armen umfangen, aber die Traumgestalt war verschwunden und er erwachte heiter und gestärkt. Nun musste er
5 selbst recht herzlich über die Wirkungen des Punsches lachen,
aber indem er an Veronika dachte, fühlte er sich recht von einem
behaglichen Gefühl durchdrungen. Ihr allein, sprach er zu sich
selbst, habe ich es zu verdanken, dass ich von meinen albernen
Grillen zurückgekommen bin. – Wahrhaftig, mir ging es nicht bes-
10 ser als jenem, welcher glaubte, er sei von Glas, oder dem, der die
Stube nicht verließ, aus Furcht, von den Hühnern gefressen zu
werden; weil er sich einbildete, ein Gerstenkorn zu sein. Aber, sowie
ich Hofrat worden, heirate ich ohne Weiteres die Mademoiselle
Paulmann und bin glücklich. – Als er nun mittags durch den Garten
15 des Archivarius Lindhorst ging, konnte er sich nicht genug wundern, wie ihm das alles sonst so seltsam und wundervoll habe vorkommen können. Er sah nichts als gewöhnliche Scherbenpflanzen,
allerlei Geranien, Myrtenstöcke u. dergl. Statt der glänzenden bunten Vögel, die ihn sonst geneckt, flatterten nur einige Sperlinge hin
20 und her, die ein unverständliches unangenehmes Geschrei erhoben, als sie den Anselmus gewahr wurden. Das blaue Zimmer kam
ihm auch ganz anders vor, und er begriff nicht, wie ihm das grelle
Blau und die unnatürlichen goldnen Stämme der Palmbäume mit
den unförmlichen blinkenden Blättern nur einen Augenblick hatten
25 gefallen können. – Der Archivarius sah ihn mit einem ganz eignen
ironischen Lächeln an und fragte: „Nun, wie hat Ihnen gestern der
Punsch geschmeckt, werter Anselmus?" – „Ach, gewiss hat Ihnen
der Papagei", – erwiderte der Student Anselmus ganz beschämt,
aber er stockte, denn er dachte nun wieder daran, dass auch die
30 Erscheinung des Papageis wohl nur Blendwerk der befangenen
Sinne gewesen. „Ei, ich war ja selbst in der Gesellschaft", fiel der
Archivarius Lindhorst ein, „haben Sie mich denn nicht gesehen?
Aber bei dem tollen Unwesen, das ihr triebt, wäre ich beinahe hart
beschädigt worden; denn ich saß eben in dem Augenblicke noch in
35 der Terrine, als der Registrator Heerbrand danach griff, um sie gegen die Decke zu schleudern, und musste mich schnell in des Kon-

rektors Pfeifenkopf retirieren[1]. Nun Adieu, Herr Anselmus! – Sei'n
Sie fleißig, auch für den gestrigen versäumten Tag zahle ich den
Speziestaler, da Sie bisher so wacker gearbeitet." „Wie kann der
Archivarius nur solch tolles Zeug faseln", sagte der Student Ansel-
5 mus zu sich selbst und setzte sich an den Tisch, um die Kopie des
Manuskripts zu beginnen, das der Archivarius wie gewöhnlich vor
ihm ausgebreitet. Aber er sah auf der Pergamentrolle so viele sonderbare krause Züge und Schnörkel durcheinander, die, ohne dem
Auge einen einzigen Ruhepunkt zu geben, den Blick verwirrten,
10 dass es ihm beinahe unmöglich schien, das alles genau nachzumalen. Ja, bei dem Überblick des Ganzen schien das Pergament
nur ein bunt geaderter Marmor oder ein mit Moosen durchspren-
kelter Stein. – Er wollte dessen unerachtet das Mögliche versuchen
und tunkte getrost die Feder ein, aber die Tinte wollte durchaus
15 nicht fließen, er spritzte die Feder ungeduldig aus, und – o Himmel! Ein großer Klecks fiel auf das ausgebreitete Original. Zischend
und brausend fuhr ein blauer Blitz aus dem Fleck und schlängelte
sich krachend durch das Zimmer bis zur Decke hinauf. Da quoll
ein dicker Dampf aus den Wänden, die Blätter fingen an zu rau-
20 schen wie vom Sturme geschüttelt, und aus ihnen schossen blinkende Basilisken[2] im flackernden Feuer herab, den Dampf entzün-
dend, dass die Flammenmassen prasselnd sich um den Anselmus
wälzten. Die goldnen Stämme der Palmbäume wurden zu Riesen-
schlangen, die ihre grässlichen Häupter in schneidendem Metall-
25 klange zusammenstießen und mit den geschuppten Leibern den
Anselmus umwanden. „Wahnsinniger! Erleide nun die Strafe dafür,
was du im frechen Frevel tatest!" – So rief die fürchterliche Stimme
des gekrönten Salamanders, der über den Schlangen wie ein blendender Strahl in den Flammen erschien, und nun sprühten ihre
30 aufgesperrten Rachen Feuer-Katarakte[3] auf den Anselmus und es
war, als verdichteten sich die Feuerströme um seinen Körper und
würden zur festen eiskalten Masse. Aber indem des Anselmus

---

[1]   sich zurückziehen
[2]   Fabelwesen mit Hahnenkopf und Drachen- bzw. Schlangenkörper; Blick
      und Atem sind tödlich
[3]   Feuerwellen

Glieder enger und enger sich zusammenziehend erstarrten, vergingen ihm die Gedanken. Als er wieder zu sich selbst kam, konnte er sich nicht regen und bewegen, er war wie von einem glänzenden Schein umgeben, an dem er sich, wollte er nur die Hand erheben
5 oder sonst sich rühren, stieß. – Ach! Er saß in einer wohlverstopften Kristallflasche auf einem Repositorium[1] im Bibliothekzimmer des Archivarius Lindhorst.

Zehnte Vigilie

Die Leiden des Studenten Anselmus in der gläsernen Flasche. –
Glückliches Leben der Kreuzschüler und Praktikanten. –
Die Schlacht im Bibliothekzimmer des Archivarius Lindhorst. –
Sieg des Salamanders und Befreiung des Studenten Anselmus.

5 Mit Recht darf ich zweifeln, dass du, günstiger Leser!, jemals in einer gläsernen Flasche verschlossen gewesen sein solltest, es sei denn, dass ein lebendiger neckhafter Traum dich einmal mit solchem feeischen Unwesen befangen hätte. War das der Fall, so wirst du das Elend des armen Studenten Anselmus recht lebhaft fühlen;
10 hast du aber auch dergleichen nie geträumt, so schließt dich deine rege Fantasie mir und dem Anselmus zu Gefallen wohl auf einige Augenblicke in das Kristall ein. – Du bist von blendendem Glanze dicht umflossen, alle Gegenstände rings umher erscheinen dir von strahlenden Regenbogenfarben erleuchtet und umgeben – alles zit-
15 tert und wankt und dröhnt im Schimmer -- du schwimmst regungs- und bewegungslos wie in einem festgefrornen Äther[2], der dich einpresst, sodass der Geist vergebens dem toten Körper gebietet. Immer gewichtiger und gewichtiger drückt die zentnerschwere Last deine Brust – immer mehr und mehr zehrt jeder Atemzug die Lüft-
20 chen weg, die im engen Raum noch auf- und niederwallten – deine Pulsadern schwellen auf, und von grässlicher Angst durchschnitten zuckt jeder Nerv im Todeskampfe blutend. – Habe Mitleid, günstiger Leser!, mit dem Studenten Anselmus, den diese namenlose

---

[1] Bücherregal
[2] poetisch für „Luft"

Marter in seinem gläsernen Gefängnisse ergriff; aber er fühlte wohl,
dass der Tod ihn nicht erlösen könne, denn erwachte er nicht aus der
tiefen Ohnmacht, in die er im Übermaß seiner Qual versunken, als
die Morgensonne in das Zimmer hell und freundlich hineinschien
5 und fing seine Marter nicht von Neuem an? – Er konnte kein Glied
regen, aber seine Gedanken schlugen an das Glas, ihn im misstö-
nenden Klange betäubend, und er vernahm statt der Worte, die der
Geist sonst aus dem Innern gesprochen, nur das dumpfe Brausen
des Wahnsinns. – Da schrie er auf in Verzweiflung: „O Serpentina –
10 Serpentina, rette mich von dieser Höllenqual!" Und es war, als um-
wehten ihn leise Seufzer, die legten sich um die Flasche wie grüne
durchsichtige Holunderblätter, das Tönen hörte auf, der blendende
verwirrende Schein war verschwunden und er atmete freier. „Bin ich
denn nicht an meinem Elende lediglich selbst schuld, ach!, habe ich
15 nicht gegen dich selbst, holde, geliebte Serpentina!, gefrevelt? – Habe ich nicht schnöde Zweifel gegen dich gehegt? Habe ich nicht den
Glauben verloren und mit ihm alles, alles was mich hoch beglücken
sollte? – Ach, du wirst nun wohl nimmer mein werden, für mich ist
der goldne Topf verloren, ich darf seine Wunder nimmermehr schau-
20 en! Ach, nur ein einziges Mal möcht' ich dich sehen, deine holde
süße Stimme hören, liebliche Serpentina!" – So klagte der Student
Anselmus von tiefem, schneidendem Schmerz ergriffen, da sagte
jemand dicht neben ihm: „Ich weiß gar nicht, was Sie wollen, Herr
Studiosus, warum lamentieren Sie so über alle Maßen?" – Der Stu-
25 dent Anselmus wurde gewahr, dass neben ihm auf demselben Repositorium noch fünf Flaschen standen, in welchen er drei Kreuzschüler[1] und zwei Praktikanten erblickte. – „Ach, meine Herren und Ge-
fährten im Unglück", rief er aus, „wie ist es Ihnen denn möglich, so
gelassen, ja so vergnügt zu sein, wie ich es an Ihren heitern Mienen
30 bemerke? – Sie sitzen ja doch ebenso gut eingesperrt in gläsernen
Flaschen als ich, und können sich nicht regen und bewegen, ja nicht
einmal was Vernünftiges denken, ohne dass ein Mordlärm entsteht
mit Klingen und Schallen, und ohne dass es Ihnen im Kopfe ganz
schrecklich saust und braust. Aber Sie glauben gewiss nicht an den
35 Salamander und an die grüne Schlange." – „Sie faseln wohl, mein

---

[1]   Schüler der Kreuzschule in Dresden

Herr Studiosus", erwiderte ein Kreuzschüler, „nie haben wir uns besser befunden als jetzt, denn die Speziestaler, welche wir von dem tollen Archivarius erhalten für allerlei konfuse Abschriften, tun uns wohl; wir dürfen jetzt keine italienischen Chöre mehr auswendig ler-
5 nen, wir gehen jetzt alle Tage zu Josephs oder sonst in andere Knei-pen, lassen uns das Doppelbier wohl schmecken, sehen auch wohl einem hübschen Mädchen in die Augen, singen wie wirkliche Stu-denten „Gaudeamus igitur[1]" und sind seelenvergnügt." – „Die Herren haben ganz recht", fiel ein Praktikant ein, „auch ich bin mit
10 Speziestalern reichlich versehen, wie hier mein teurer Kollege ne-benan, und spaziere fleißig auf den Weinberg, statt bei der leidigen Aktenschreiberei zwischen vier Wänden zu sitzen." „Aber meine besten, wertesten Herren", sagte der Student Anselmus, „spüren Sie es denn nicht, dass Sie alle samt und sonders in gläsernen Fla-
15 schen sitzen und sich nicht regen und bewegen, viel weniger umher-spazieren können?" – Da schlugen die Kreuzschüler und die Prakti-kanten eine helle Lache auf und schrien: „Der Studiosus ist toll, er bildet sich ein, in einer gläsernen Flasche zu sitzen, und steht auf der Elbebrücke und sieht gerade hinein ins Wasser. Gehen wir nur
20 weiter!" „Ach", seufzte der Student, „die schauten niemals die holde Serpentina, sie wissen nicht, was Freiheit und Leben in Glauben und Liebe ist, deshalb spüren sie nicht den Druck des Gefängnisses, in das sie der Salamander bannte, ihrer Torheit, ihres gemeinen Sinnes wegen, aber ich Unglücklicher werde vergehen in Schmach und
25 Elend, wenn sie, die ich so unaussprechlich liebe, mich nicht rettet." – Da wehte und säuselte Serpentinas Stimme durch das Zimmer: „Anselmus! – glaube, liebe, hoffe!" – Und jeder Laut strahlte in das Gefängnis des Anselmus hinein, und das Kristall musste seiner Ge-walt weichen und sich ausdehnen, dass die Brust des Gefangenen
30 sich regen und bewegen konnte! – Immer mehr verringerte sich die Qual seines Zustandes, und er merkte wohl, dass ihn Serpentina noch liebe, und dass nur *sie* es sei, die ihm den Aufenthalt in dem Kristall erträglich mache. Er bekümmerte sich nicht mehr um seine leichtsinnigen Unglücksgefährten, sondern richtete Sinn und Ge-
35 danken nur auf die holde Serpentina. – Aber plötzlich entstand von

---

[1] Lasset uns also fröhlich sein (lateinisches Studentenlied)

der andern Seite her ein dumpfes widriges Gemurmel. Er konnte
bald deutlich bemerken, dass dies Gemurmel von einer alten Kaffeekanne mit halbzerbrochenem Deckel herrührte, die ihm gegenüber
auf einem kleinen Schrank hingestellt war. Sowie er schärfer hin-
5 schaute, entwickelten sich immer mehr die garstigen Züge eines alten verschrumpften Weibergesichts, und bald stand das Äpfelweib
vom Schwarzen Tor vor dem Repositorium. Diese grinsete und lachte ihn an und rief mit gellender Stimme: „Ei, ei, Kindchen! – Musst
du nun ausharren? – Ins Kristall nun dein Fall! – hab ich dir's nicht
10 längst vorausgesagt?" „Höhne und spotte nur, du verdammtes Hex-
enweib", sagte der Student Anselmus, „du bist Schuld an allem,
aber der Salamander wird dich treffen, du schnöde Runkelrübe!" –
„Ho, ho!", erwiderte die Alte, nur nicht so stolz! Du hast meinem
Söhnlein ins Gesicht getreten, du hast mir die Nase verbrannt, aber
15 doch bin ich dir gut, du Schelm, weil du sonst ein artiger Mensch
warst, und mein Töchterchen ist dir auch gut. Aus dem Kristall
kommst du aber nun einmal nicht, wenn ich dir nicht helfe; hinauf-
langen zu dir kann ich nicht, aber meine Frau Gevatterin, die Ratte,
welche gleich über dir auf dem Boden wohnt, die soll das Brett ent-
20 zweinagen, auf dem du stehst, dann purzelst du hinunter und ich
fange dich auf in der Schürze, damit du dir die Nase nicht zer-
schlägst, sondern fein dein glattes Gesichtlein erhältst, und ich trage dich flugs zu Mamsell Veronika, die musst du heiraten, wenn du
Hofrat worden." „Lass ab von mir, Satans-Geburt", schrie der Stu-
25 dent Anselmus voller Grimm, „nur deine höllischen Künste haben
mich zu dem Frevel gereizt, den ich nun abbüßen muss. – Aber ge-
duldig ertrage ich alles, denn nur hier kann ich sein, wo die holde
Serpentina mich mit Liebe und Trost umfängt! – Hör' es, Alte, und
verzweifle! Trotz biete ich deiner Macht, ich liebe ewiglich nur Ser-
30 pentina – ich will nie Hofrat werden – nie die Veronika schauen, die
mich durch dich zum Bösen verlockt! – Kann die grüne Schlange
nicht mein werden, so will ich untergehen in Sehnsucht und
Schmerz! – Hebe dich weg – hebe dich weg – du schnöder Wechsel-
balg![1]" – Da lachte die Alte auf, dass es im Zimmer gellte und rief:

---

[1] missgestaltetes Wesen; Kuckuckskind (untergeschobenes, von fremden
Eltern stammendes Kind)

„So sitze denn und verderbe, aber nun ist's Zeit, ans Werk zu gehen, denn mein Geschäft hier ist noch von anderer Art." – Sie warf den schwarzen Mantel ab und stand da in ekelhafter Nacktheit, dann fuhr sie in Kreisen umher, und große Folianten[1] stürzten herab, aus
5 denen riss sie Pergamentblätter, und diese im künstlichen Gefüge schnell zusammenheftend und auf den Leib ziehend, war sie bald wie in einen seltsamen bunten Schuppenharnisch[2] gekleidet. Feuersprühend sprang der schwarze Kater aus dem Tintenfasse, das auf dem Schreibtische stand, und heulte der Alten entgegen, die laut
10 aufjubelte und mit ihm durch die Tür verschwand. Anselmus merkte, dass sie nach dem blauen Zimmer gegangen, und bald hörte er es in der Ferne zischen und brausen, die Vögel im Garten schrien, der Papagei schnarrte: „Rette – rette – Raub – Raub!" – In dem Augenblick kam die Alte ins Zimmer zurückgesprungen, den goldnen
15 Topf auf dem Arm tragend und mit grässlicher Gebärde wild durch die Lüfte schreiend: „Glück auf! – Glück auf! – Söhnlein – töte die grüne Schlange! Auf, Söhnlein, auf!" – Es war dem Anselmus, als höre er ein tiefes Stöhnen, als höre er Serpentinas Stimme. Da ergriff ihn Entsetzen und Verzweiflung. – Er raffte alle seine Kraft zu-
20 sammen, er stieß mit Gewalt, als sollten Nerven und Adern zerspringen, gegen das Kristall – ein schneidender Klang fuhr durch das Zimmer und der Archivarius stand in der Tür in seinem glänzenden damastnen Schlafrock: „Hei, hei! Gesindel, toller Spuk – Hexenwerk – hieher – heisa!" So schrie er. Da richteten sich die schwar-
25 zen Haare der Alten wie Borsten empor, ihre glutroten Augen erglänzten von höllischem Feuer und die spitzigen Zähne des weiten Rachens zusammenbeißend zischte sie: „Frisch – frisch 'raus – zisch aus, zisch aus", und lachte und meckerte höhnend und spottend, und drückte den goldnen Topf fest an sich und warf daraus Fäuste
30 voll glänzender Erde auf den Archivarius, aber sowie die Erde den Schlafrock berührte, wurden Blumen daraus, die herabfielen. Da flackerten und flammten die Lilien des Schlafrocks empor, und der Archivarius schleuderte die in knisterndem Feuer brennenden Lilien auf die Hexe, die vor Schmerz heulte; aber indem sie in die Höhe

---

[1] große Bücher
[2] Rüstung

sprang und den pergamentnen Harnisch schüttelte, verlöschten die Lilien und zerfielen in Asche. „Frisch darauf, mein Junge!", kreischte die Alte, da fuhr der Kater auf in die Luft und brauste fort nach der Tür über den Archivarius, aber der graue Papagei flatterte ihm entgegen und fasste ihn mit dem krummen Schnabel im Genick, dass rotes feuriges Blut ihm aus dem Halse stürzte, und Serpentinas Stimme rief: „Gerettet! – Gerettet!" – Die Alte sprang voller Wut und Verzweiflung auf den Archivarius los, sie warf den Topf hinter sich und wollte, die langen Finger der dürren Fäuste emporspreizend, den Archivarius umkrallen; aber dieser riss schnell den Schlafrock herunter und schleuderte ihn der Alten entgegen. Da zischten und sprühten und brausten blaue knisternde Flammen aus den Pergamentblättern, und die Alte wälzte sich im heulenden Jammer und trachtete immer mehr Erde aus dem Topfe zu greifen, immer mehr Pergamentblätter aus den Büchern zu erhaschen, um die lodernden Flammen zu ersticken, und wenn ihr es gelang, Erde oder Pergamentblätter auf sich zu stürzen, verlöschte das Feuer. Aber nun fuhren wie aus dem Innern des Archivarius flackernde zischende Strahlen auf die Alte. „Hei, hei! Drauf und dran – Sieg dem Salamander!", dröhnte die Stimme des Archivarius durch das Zimmer, und hundert Blitze schlängelten sich in feurigen Kreisen um die kreischende Alte. Sausend und brausend fuhren in wütendem Kampfe Kater und Papagei umher, aber endlich schlug der Papagei mit den starken Fittigen den Kater zu Boden, und mit den Krallen ihn durchspießend und festhaltend, dass er in der Todesnot grässlich heulte und ächzte, hackte er ihm mit dem scharfen Schnabel die glühenden Augen aus, dass der brennende Gischt herausspritzte. – Dicker Qualm strömte da empor, wo die Alte zur Erde niedergestürzt unter dem Schlafrock gelegen, ihr Geheul, ihr entsetzliches schneidendes Jammergeschrei verhallte in weiter Ferne. Der Rauch, der sich mit durchdringendem Gestank verbreitete, verdampfte, der Archivarius hob den Schlafrock auf und unter demselben lag eine garstige Runkelrübe. „Verehrter Herr Archivarius, hier bringe ich den überwundenen Feind", sprach der Papagei, indem er dem Archivarius Lindhorst ein schwarzes Haar im Schnabel darreichte. „Sehr gut, mein Lieber", antwortete der Archivarius, „hier liegt auch meine überwundene Feindin, besorgen Sie gütigst nunmehr das Übrige; noch heute erhalten Sie als ein

kleines Douceur[1] sechs Kokosnüsse und eine neue Brille, da, wie ich
sehe, der Kater Ihnen die Gläser schändlich zerbrochen." „Lebens-
lang der Ihrige, verehrungswürdiger Freund und Gönner!", versetzte
der Papagei sehr vergnügt, nahm die Runkelrübe in den Schnabel
und flatterte damit zum Fenster hinaus, das ihm der Archivarius
Lindhorst geöffnet. Dieser ergriff den goldenen Topf und rief stark:
„Serpentina, Serpentina!" – Aber wie nun der Student Anselmus
hoch erfreut über den Untergang des schnöden Weibes, das ihn ins
Verderben gestürzt, den Archivarius anblickte, da war es wieder die
hohe majestätische Gestalt des Geisterfürsten, die mit unbeschreib-
licher Anmut und Würde zu ihm hinaufschaute. – „Anselmus",
sprach der Geisterfürst, „nicht du, sondern nur ein feindliches Prinzip, das zerstörend in dein Inneres zu dringen und dich mit dir
selbst zu entzweien trachtete, war schuld an deinem Unglauben. –
Du hast deine Treue bewährt, sei frei und glücklich." Ein Blitz zuckte
durch das Innere des Anselmus, der herrliche Dreiklang der Kristallglocken ertönte stärker und mächtiger, als er ihn je vernommen –
seine Fibern und Nerven erbebten – aber immer mehr anschwellend
dröhnte der Akkord durch das Zimmer, das Glas, welches den Anselmus umschlossen, zersprang und er stürzte in die Arme der holden
lieblichen Serpentina.

Elfte Vigilie

*Des Konrektors Paulmann Unwille über die in seiner Familie
ausgebrochene Tollheit. – Wie der Registrator Heerbrand Hofrat
worden; und im stärksten Froste in Schuhen und seidenen Strümpfen
einherging. – Veronikas Geständnisse. – Verlobung bei der
dampfenden Suppenschüssel.*

Aber sagen Sie mir nur, wertester Registrator!, wie uns gestern der
vermaledeite Punsch so in den Kopf steigen und zu allerlei Allotri-
is[2] treiben konnte?" – Dies sprach der Konrektor Paulmann, indem
er am andern Morgen in das Zimmer trat, das noch voll zerbro-

---

[1] (frz.) Süßigkeit
[2] (lat., Plural) Unfug

chener Scherben lag, und in dessen Mitte die unglückliche Perücke in ihre ursprünglichen Bestandteile aufgelöst im Punsche umherschwamm. Als der Student Anselmus zur Tür hinausgerannt war, kreuzten und wackelten der Konrektor Paulmann und der Registrator Heerbrand durch das Zimmer, schreiend wie Besessene und mit den Köpfen aneinander rennend, bis Fränzchen den schwindligen Papa mit vieler Mühe ins Bett brachte und der Registrator in höchster Ermattung aufs Sofa sank, welches Veronika, ins Schlafzimmer flüchtend, verlassen. Der Registrator Heerbrand hatte sein blaues Schnupftuch um den Kopf gewickelt, sah ganz blass und melancholisch aus und stöhnte: „Ach, werter Konrektor, nicht der Punsch, den Mamsell Veronika köstlich bereitet, nein! – sondern lediglich der verdammte Student ist an all dem Unwesen schuld. Merken Sie denn nicht, dass er schon längst mente captus[1] ist? Aber wissen Sie denn nicht auch, dass der Wahnsinn ansteckt? – Ein Narr macht viele; verzeihen Sie, dies ist ein altes Sprichwort; vorzüglich, wenn man ein Gläschen getrunken, da gerät man leicht in die Tollheit und manövriert unwillkürlich nach und bricht aus in die Exerzitia[2], die der verrückte Flügelmann[3] vormacht. Glauben Sie denn, Konrektor!, dass mir noch ganz schwindlig ist, wenn ich an den grauen Papagei denke?" – „Ach was", fiel der Konrektor ein, „Possen! – es war ja der alte kleine Famulus[4] des Archivarii, der einen grauen Mantel umgenommen und den Studenten Anselmus suchte." „Es kann sein", versetzte der Registrator Heerbrand, „aber ich muss gestehen, dass mir ganz miserabel zumute ist; die ganze Nacht über hat es so wunderlich georgelt und gepfiffen." – „Das war ich", erwiderte der Konrektor, „denn ich schnarche stark." – „Nun, mag das sein", fuhr der Registrator fort – „aber Konrektor, Konrektor! – nicht ohne Ursache hatte ich gestern dafür gesorgt, uns einige Fröhlichkeit zu bereiten – aber der Anselmus hat mir alles verdorben. – Sie wissen nicht – o Konrektor, Konrektor!" – Der Registrator Heerbrand sprang auf, riss das Tuch vom Kopfe, um-

---

[1] (lat.) verrückt
[2] (lat.) Tätigkeiten, Übungen
[3] Soldat im ersten Glied einer Einheit, nach dem sich die anderen ausrichten
[4] (lat.) Gehilfe

armte den Konrektor, drückte ihm feurig die Hand, rief noch einmal ganz herzbrechend: „O Konrektor, Konrektor!" und rannte Hut und Stock ergreifend schnell von dannen. „Der Anselmus soll mir nicht mehr über die Schwelle", sprach der Konrektor Paulmann zu
5 sich selbst, „denn ich sehe nun wohl, dass er mit seinem verstockten innern Wahnsinn die besten Leute um ihr bisschen Vernunft bringt; der Registrator ist nun auch geliefert – *ich* habe mich bisher noch gehalten, aber der Teufel, der gestern im Rausch stark anklopfte, könnte doch wohl am Ende einbrechen und sein Spiel trei-
10 ben. – Also apage Satanas¹! – Fort mit dem Anselmus!" – Veronika war ganz tiefsinnig geworden, sie sprach kein Wort, lächelte nur zuweilen ganz seltsam und war am liebsten allein. „Die hat der Anselmus auch auf der Seele", sagte der Konrektor voller Bosheit, „aber es ist gut, dass er sich gar nicht sehen lässt, ich weiß, dass er
15 sich vor mir fürchtet – der Anselmus, deshalb kommt er gar nicht her." Das Letzte sprach der Konrektor Paulmann ganz laut, da stürzten der Veronika, die eben gegenwärtig, die Tränen aus den Augen und sie seufzte: „Ach, kann denn der Anselmus herkommen? Der ist ja schon längst in die gläserne Flasche eingesperrt."
20 – „Wie – was?", rief der Konrektor Paulmann. „Ach Gott – ach Gott, auch sie faselt schon wie der Registrator, es wird bald zum Ausbruch kommen. – Ach du verdammter, abscheulicher Anselmus!" – Er rannte gleich fort zum Doktor Eckstein, der lächelte und sagte wieder: „Ei, ei!" – Er verschrieb aber nichts, sondern setzte dem
25 Wenigen, was er geäußert, noch weggehend hinzu: „Nervenzufälle! – Wird sich geben von selbst – in die Luft führen – spazieren fahren – sich zerstreuen – Theater – Sonntagskind – Schwestern von Prag² – wird sich geben!" – „So beredt war der Doktor selten", dachte der Konrektor Paulmann, „ordentlich geschwätzig." – Meh-
30 rere Tage und Wochen und Monate waren vergangen, der Anselmus war verschwunden, aber auch der Registrator Heerbrand ließ sich nicht sehen, bis am vierten Februar, da trat er in einem neuen modernen Kleide vom besten Tuch, in Schuhen und seidenen

---

¹ weiche, Satan!
² zwei Bühnenstücke des Wiener Kapellmeisters Wenzel Müller (1767–1835)

Strümpfen, des starken Frostes unerachtet, einen großen Strauß
lebendiger Blumen in der Hand, mittags Punkt zwölf Uhr in das
Zimmer des Konrektors Paulmann, der nicht wenig über seinen
geputzten Freund erstaunte. Feierlich schritt der Registrator Heerbrand auf den Konrektor los, umarmte ihn mit feinem Anstande
und sprach dann: „Heute an dem Namenstage Ihrer lieben ver-
ehrten Mamsell Tochter Veronika, will ich denn nun alles gerade
heraus sagen, was mir längst auf dem Herzen gelegen! Damals, an
dem unglücklichen Abend, als ich die Ingredienzien[1] zu dem ver-
derblichen Punsch in der Tasche meines Matins herbeitrug, hatte
ich es im Sinn, eine freudige Nachricht Ihnen mitzuteilen und den
glückseligen Tag in Fröhlichkeit zu feiern; schon damals hatte ich
es erfahren, dass ich Hofrat worden, über welche Standeserhöhung ich jetzt das Patent cum nomine et sigillo principis[2] erhalten
und in der Tasche trage." – „Ach, ach! Herr Registr – Herr Hofrat
Heerbrand, wollte ich sagen", stammelte der Konrektor. – „Aber
Sie, verehrter Konrektor", fuhr der nunmehrige Hofrat Heerbrand
fort, „Sie können erst mein Glück vollenden. Schon längst habe ich
die Mamsell Veronika im Stillen geliebt und kann mich manches
freundlichen Blickes rühmen, den sie mir zugeworfen, und der mir
deutlich gezeigt, dass sie mir wohl nicht abhold sein dürfte. Kurz,
verehrter Konrektor! – Ich, der Hofrat Heerbrand, bitte um die
Hand Ihrer liebenswürdigen Demoiselle Tochter Veronika, die ich,
haben Sie nichts dagegen, in kurzer Zeit heimzuführen gedenke."
– Der Konrektor Paulmann schlug voller Verwunderung die Hände
zusammen und rief: „Ei – Ei – Ei – Herr Registr – Herr Hofrat, wollte ich sagen, wer hätte das gedacht! – Nun, wenn Veronika Sie in
der Tat liebt, ich meinesteils habe nichts dagegen; vielleicht ist
auch ihre jetzige Schwermut nur eine versteckte Verliebtheit in Sie,
verehrter Hofrat! Man kennt ja die Possen." – In dem Augenblick
trat Veronika herein, blass und verstört, wie sie jetzt gewöhnlich
war. Da schritt der Hofrat Heerbrand auf sie zu, erwähnte in wohl-
gesetzter Rede ihres Namenstages und überreichte ihr den duf-
tenden Blumenstrauß nebst einem kleinen Päckchen, aus dem ihr,

---

[1] Zutaten
[2] Ernennungsurkunde mit Unterschrift und Siegel des Fürsten

als sie es öffnete, ein paar glänzende Ohrgehänge entgegenstrahl-
ten. Eine schnelle fliegende Röte färbte ihre Wangen, die Augen
blitzten lebhafter und sie rief: „Ei, mein Gott! Das sind ja dieselben
Ohrgehänge, die ich schon vor mehreren Wochen trug und mich
5 daran ergötzte!" – „Wie ist denn das möglich", fiel der Hofrat
Heerbrand etwas bestürzt und empfindlich ein, „da ich dieses Ge-
schmeide erst seit einer Stunde in der Schlossgasse für schmäh-
liches Geld erkauft?" – Aber die Veronika hörte nicht darauf, sondern stand schon vor dem Spiegel, um die Wirkung des Geschmei-
10 des, das sie bereits in die kleinen Öhrchen gehängt, zu erforschen.
Der Konrektor Paulmann eröffnete ihr mit gravitätischer Miene
und mit ernstem Ton die Standeserhöhung Freund Heerbrands
und seinen Antrag. Veronika schaute den Hofrat mit durchdringendem Blick an und sprach: „Das wusste ich längst, dass Sie
15 mich heiraten wollen. – Nun es sei! – Ich verspreche Ihnen Herz
und Hand, aber ich muss Ihnen nur gleich – Ihnen beiden nämlich,
dem Vater und dem Bräutigam, manches entdecken, was mir recht
schwer in Sinn und Gedanken liegt – jetzt gleich, und sollte darüber die Suppe kalt werden, die, wie ich sehe, Fränzchen soeben
20 auf den Tisch setzt." Ohne des Konrektors und des Hofrats Antwort abzuwarten, unerachtet ihnen sichtlich die Worte auf den Lippen schwebten, fuhr Veronika fort: „Sie können es mir glauben,
bester Vater!, dass ich den Anselmus recht von Herzen liebte, und
als der Registrator Heerbrand, der nunmehr selbst Hofrat worden,
25 versicherte, der Anselmus könne es wohl zu so etwas bringen, beschloss ich, *er* und kein anderer solle mein Mann werden. Da
schien es aber, als wenn fremde feindliche Wesen ihn mir entreißen wollten, und ich nahm meine Zuflucht zu der alten Liese, die
ehemals meine Wärterin war, und jetzt eine weise Frau, eine große
30 Zauberin ist. *Die* versprach mir, zu helfen und den Anselmus mir
ganz in die Hände zu liefern. Wir gingen mitternachts in der Tag-
und Nachtgleiche auf den Kreuzweg, sie beschwor die höllischen
Geister, und mit Hülfe des schwarzen Katers brachten wir einen
kleinen Metallspiegel zustande, in den ich, meine Gedanken auf
35 den Anselmus richtend, nur blicken durfte, um ihn ganz in Sinn
und Gedanken zu beherrschen. – Aber ich bereue jetzt herzlich,
das alles getan zu haben, ich schwöre allen Satanskünsten ab. Der

Salamander hat über die Alte gesiegt, ich hörte ihr Jammergeschrei, aber es war keine Hülfe möglich; sowie sie als Runkelrübe
vom Papagei verzehrt worden, zerbrach mit schneidendem Klange
mein Metallspiegel." Veronika holte die beiden Stücke des zerbro-
5 chenen Spiegels und eine Locke aus dem Nähkästchen, und beides
dem Hofrat Heerbrand hinreichend, fuhr sie fort: „Hier nehmen
Sie, geliebter Hofrat, die Stücke des Spiegels, werfen Sie sie heute
Nacht um zwölf Uhr von der Elbbrücke, und zwar von da, wo das
Kreuz steht, hinab in den Strom, der dort nicht zugefroren, die
10 Locke aber bewahren Sie auf treuer Brust. Ich schwöre nochmals
allen Satanskünsten ab und gönne dem Anselmus herzlich sein
Glück, da er nunmehr mit der grünen Schlange verbunden, die viel
schöner und reicher ist als ich. Ich will Sie, geliebter Hofrat, als eine rechtschaffene Frau lieben und verehren!" – „Ach Gott! – Ach
15 Gott", rief der Konrektor Paulmann voller Schmerz, „sie ist wahnsinnig, sie ist wahnsinnig – sie kann nimmermehr Frau Hofrätin
werden – sie ist wahnsinnig!" – „Mitnichten", fiel der Hofrat Heerbrand ein, „ich weiß wohl, dass Mamsell Veronika einige Neigung
für den vertrackten[1] Anselmus gehegt, und es mag sein, dass sie
20 vielleicht in einer gewissen Überspannung sich an die weise Frau
gewendet, die, wie ich merke, wohl niemand anders sein kann als
die Kartenlegerin und Kaffeegießerin vor dem Seetor, – kurz, die
alte Rauerin. Nun ist auch nicht zu leugnen, dass es wirklich wohl
geheime Künste gibt, die auf den Menschen nur gar zu sehr ihren
25 feindlichen Einfluss äußern, man liest schon davon in den Alten[2],
was aber Mamsell Veronika von dem Sieg des Salamanders und
von der Verbindung des Anselmus mit der grünen Schlange gesprochen, ist wohl nur eine poetische Allegorie – gleichsam ein
Gedicht, worin sie den gänzlichen Abschied von dem Studenten
30 besungen." „Halten Sie das, wofür Sie wollen, bester Hofrat!", fiel
Veronika ein, „vielleicht für einen recht albernen Traum." – „Keineswegs tue ich das", versetzte der Hofrat Heerbrand, „denn ich
weiß ja wohl, dass der Anselmus auch von geheimen Mächten befangen, die ihn zu allen möglichen tollen Streichen necken und

---

[1] komplizierten, schwierigen
[2] Gemeint sind die Autoren der Antike!

treiben." Länger konnte der Konrektor Paulmann nicht an sich halten, er brach los: „Halt, um Gottes willen, halt! Haben wir uns denn etwa wieder übernommen im verdammten Punsch, oder wirkt des Anselmi Wahnsinn auf uns? Herr Hofrat, was sprechen Sie denn
5 auch wieder für Zeug? – Ich will indessen glauben, dass es die Liebe ist, die Euch in dem Gehirn spukt, das gibt sich aber bald in der Ehe, sonst wäre mir bange, dass auch *Sie* in einigen Wahnsinn verfallen, verehrungswürdiger Hofrat, und würde dann Sorge tragen wegen der Deszendenz[1], die das Malum[2] der Eltern vererben
10 könnte. – Nun, ich gebe meinen väterlichen Segen zu der fröhlichen Verbindung und erlaube, dass ihr euch als Braut und Bräutigam küsset." Dies geschah sofort, und es war, noch ehe die aufgetragene Suppe kalt geworden, die förmliche Verlobung geschlossen. Wenige Wochen nachher saß die Frau Hofrätin Heerbrand
15 wirklich, wie sie sich schon früher im Geiste erblickt, in dem Erker eines schönen Hauses auf dem Neumarkt und schaute lächelnd auf die Elegants hinab, die vorübergehend und hinauflorgnettierend[3] sprachen: „Es ist doch eine göttliche Frau, die Hofrätin Heerbrand!" – –

Zwölfte Vigilie

Nachricht von dem Rittergut, das der Anselmus als des Archivarius Lindhorst Schwiegersohn bezogen, und wie er dort mit Serpentina lebt. – Beschluss.

Wie fühlte ich recht in der Tiefe des Gemüts die hohe Seligkeit des
5 Studenten Anselmus, der mit der holden Serpentina innigst verbunden, nun nach dem geheimnisvollen wunderbaren Reiche gezogen war, das er für die Heimat erkannte, nach der sich seine von seltsamen Ahnungen erfüllte Brust schon so lange gesehnt. Aber vergebens blieb alles Streben, dir, günstiger Leser, all die Herrlich
10 keiten, von denen der Anselmus umgeben, auch nur einigermaßen

---

[1] (lat.) Verwandtschaft, Nachkommenschaft
[2] (lat.) Übel
[3] durch eine Brille mit Stiel (Lorgnette) hinaufschauend

in Worten anzudeuten. Mit Widerwillen gewahrte ich die Mattigkeit
jedes Ausdrucks. Ich fühlte mich befangen in den Armseligkeiten
des kleinlichen Alltagslebens, ich erkrankte in quälendem Missbehagen, ich schlich umher wie ein Träumender, kurz, ich geriet in
5 jenen Zustand des Studenten Anselmus, den ich dir, günstiger Leser! in der vierten Vigilie beschrieben. Ich härmte mich recht ab[1],
wenn ich die elf Vigilien, die ich glücklich zustande gebracht,
durchlief, und nun dachte, dass es mir wohl niemals vergönnt sein
werde, die zwölfte als Schlussstein hinzuzufügen, denn so oft ich
10 mich zur Nachtzeit hinsetzte, um das Werk zu vollenden, war es,
als hielten mir recht tückische Geister (es mochten wohl Verwand-
te – vielleicht Cousins germains der getöteten Hexe sein) ein glän-
zend poliertes Metall vor, in dem ich mein Ich erblickte, blass,
übernächtigt und melancholisch, wie der Registrator Heerbrand
15 nach dem Punsch-Rausch. – Da warf ich denn die Feder hin und
eilte ins Bett, um wenigstens von dem glücklichen Anselmus und
der holden Serpentina zu träumen. So hatte das schon mehrere
Tage und Nächte gedauert, als ich endlich ganz unerwartet von
dem Archivarius Lindhorst ein Billett[2] erhielt, worin er mir Fol-
20 gendes schrieb:
Ew. Wohlgeboren haben, wie mir bekannt worden, die seltsamen
Schicksale meines guten Schwiegersohnes, des vormaligen Studenten, jetzigen Dichters Anselmus, in elf Vigilien beschrieben,
und quälen sich jetzt sehr ab, in der zwölften und letzten Vigilie
25 einiges von seinem glücklichen Leben in Atlantis zu sagen, wohin
er mit meiner Tochter auf das hübsche Rittergut, welches ich dort
besitze, gezogen. Unerachtet ich nun nicht eben gern sehe, dass
Sie mein eigentliches Wesen der Lesewelt kundgetan, da es mich
vielleicht in meinem Dienst als Geh. Archivarius tausend Unan-
30 nehmlichkeiten aussetzen, ja wohl gar im Kollegio die zu ventilie-
rende[3] Frage veranlassen wird: inwiefern wohl ein Salamander sich
rechtlich und mit verbindenden Folgen als Staatsdiener eidlich ver-
pflichten könne, und inwiefern ihm überhaupt solide Geschäfte

---

[1]   Ich grämte mich sehr
[2]   (frz.) Briefchen
[3]   zu diskutierende

anzuvertrauen, da nach Gabalis und Swedenborg[1] den Elementar-
geistern durchaus nicht zu trauen – unerachtet nun meine besten
Freunde meine Umarmung scheuen werden, aus Furcht, ich könnte
in plötzlichem Übermut was Weniges blitzen und ihnen Frisur und
Sonntagsfrack verderben – unerachtet alles dessen, sage ich, will
ich Ew. Wohlgeboren doch in der Vollendung des Werks behülflich
sein, da darin viel Gutes von mir und von meiner lieben verheirate-
ten Tochter (ich wollte, ich wäre die beiden übrigen auch schon
los) enthalten. Wollen Sie daher die zwölfte Vigilie schreiben, so
steigen Sie Ihre verdammten fünf Treppen hinunter, verlassen Sie
Ihr Stübchen und kommen Sie zu mir. Im blauen Palmbaumzim-
mer, das Ihnen schon bekannt, finden Sie die gehörigen Schreibmaterialien, und Sie können dann mit wenigen Worten den Lesern
kundtun, was Sie geschaut, das wird Ihnen besser sein, als eine
weitläufige Beschreibung eines Lebens, das Sie ja doch nur vom
Hörensagen kennen. Mit Achtung
    Ew. Wohlgeboren
                      ergebenster
                der Salamander Lindhorst
                p. t.[2] Königl. Geh. Archivarius.
Dies freilich etwas raue, aber doch freundschaftliche Billett des Archivarius Lindhorst war mir höchst angenehm. Zwar schien es gewiss, dass der wunderliche Alte von der seltsamen Art, wie mir die
Schicksale seines Schwiegersohnes bekannt geworden, die ich,
zum Geheimnis verpflichtet, dir selbst, günstiger Leser!, verschwie-
gen musste, wohl unterrichtet sei, aber er hatte das nicht so übel
vermerkt, als ich wohl befürchten konnte. Er bot ja selbst hülfreiche
Hand, mein Werk zu vollenden, und daraus konnte ich mit Recht
schließen, wie er im Grunde genommen damit einverstanden sei,
dass seine wunderliche Existenz in der Geisterwelt durch den
Druck bekannt werde. Es kann sein, dachte ich, dass er selbst die
Hoffnung daraus schöpft, desto eher seine beiden noch übrigen

---

[1] Gemeint sind das Lehrwerk zur Geisterwelt mit dem Titel ‚Le Comte de
Gabalis' (1670, dt. 1782) von Montfaucon de Villars und der Naturfor-
scher und Philosoph Emanuel van Svedenborg (1688–1772).
[2] (lat.) pro tempore: vorläufig

Töchter an den Mann zu bringen, denn vielleicht fällt doch ein Funke in dieses oder jenes Jünglings Brust, der die Sehnsucht nach der grünen Schlange entzündet, welche er dann in dem Holunderbusch am Himmelfahrtstage sucht und findet. Aus dem Unglück, das den Anselmus betroffen, als er in die gläserne Flasche gebannt wurde, wird er die Warnung entnehmen, sich vor jedem Zweifel, vor jedem Unglauben recht ernstlich zu hüten. Punkt elf Uhr löschte ich meine Studierlampe aus und schlich zum Archivarius Lindhorst, der mich schon auf dem Flur erwartete. „Sind Sie da – Hochverehrter! – Nun das ist mir lieb, dass Sie meine guten Absichten nicht verkennen – kommen Sie nur!" – Und damit führte er mich durch den von blendendem Glanze erfüllten Garten in das azurblaue Zimmer, in welchem ich den violetten Schreibtisch erblickte, an welchem der Anselmus gearbeitet. – Der Archivarius Lindhorst verschwand, erschien aber gleich wieder mit einem schönen goldnen Pokal in der Hand, aus dem eine blaue Flamme hoch emporknisterte. „Hier", sprach er, „bringe ich Ihnen das Lieblingsgetränk Ihres Freundes des Kapellmeisters Johannes Kreisler[1]. – Es ist angezündeter Arrak, in den ich einigen Zucker geworfen. Nippen Sie was Weniges davon, ich will gleich meinen Schlafrock abwerfen und zu meiner Lust, und um, während Sie sitzen und schauen und schreiben, Ihrer werten Gesellschaft zu genießen, in dem Pokale auf- und niedersteigen." – „Wie es Ihnen gefällig ist, verehrter Herr Archivarius", versetzte ich, „aber wenn ich nun von dem Getränk genießen will, werden Sie nicht –" „Tragen Sie keine Sorge, mein Bester", rief der Archivarius, warf den Schlafrock schnell ab, stieg zu meinem nicht geringen Erstaunen in den Pokal und verschwand in den Flammen. – Ohne Scheu kostete ich, die Flamme leise weghauchend, von dem Getränk, es war köstlich! Rühren sich nicht in sanftem Säuseln und Rauschen die smaragdenen Blätter der Palmbäume, wie vom Hauch des Morgenwindes geliebkost? – Erwacht aus dem Schlafe heben und regen sie sich und flüstern geheimnisvoll von den Wundern, die wie aus weiter Ferne holdselige Harfentöne verkünden! – Das Azur löst sich von

---

[1] Figur eines zerrissenen Musikers, die in mehreren Werken E.T.A. Hoffmanns auftaucht (z.B. ‚Die Lebensansichten des Katers Murr')

den Wänden und wallt wie duftiger Nebel auf und nieder, aber blendende Strahlen schießen durch den Duft, der sich wie in jauchzender kindischer Lust wirbelt und dreht und aufsteigt bis zur unermesslichen Höhe, die sich über den Palmbäumen wölbt. – Aber

5 immer blendender häuft sich Strahl auf Strahl, bis in hellem Sonnenglanze sich der unabsehbare Hain aufschließt, in dem ich den Anselmus erblicke. – Glühende Hyazinthen und Tulipanen und Rosen erheben ihre schönen Häupter und ihre Düfte, rufen in gar lieblichen Lauten dem Glücklichen zu: Wandle, wandle unter uns,

10 Geliebter, der du uns verstehst – unser Duft ist die Sehnsucht der Liebe – wir lieben dich und sind dein immerdar! – Die goldnen Strahlen brennen in glühenden Tönen: wir sind Feuer von der Liebe entzündet. – Der Duft ist die Sehnsucht, aber Feuer das Verlangen, und wohnen wir nicht in deiner Brust? Wir sind ja dein Eigen! Es

15 rischeln und rauschen die dunklen Büsche – die hohen Bäume: Komme zu uns! – Glücklicher – Geliebter! Feuer ist das Verlangen, aber Hoffnung unser kühler Schatten! Wir umsäuseln liebend dein Haupt, denn du verstehst uns, weil die Liebe in deiner Brust wohnet. Die Quellen und Bäche plätschern und sprudeln: Geliebter,

20 wandle nicht so schnell vorüber, schaue in unser Kristall – dein Bild wohnt in uns, das wir liebend bewahren, denn du hast uns verstanden! – Im Jubelchor zwitschern und singen bunte Vöglein: Höre uns, höre uns, wir sind die Freude, die Wonne, das Entzücken der Liebe! – Aber sehnsuchtsvoll schaut Anselmus nach dem herr-

25 lichen Tempel, der sich in weiter Ferne erhebt. Die künstlichen Säulen scheinen Bäume und die Kapitäler[1] und Gesimse Akanthusblätter[2], die in wundervollen Gewinden und Figuren herrliche Verzierungen bilden. Anselmus schreitet dem Tempel zu, er betrachtet mit innerer Wonne den bunten Marmor, die wunderbar bemoosten

30 Stufen. „Ach nein", ruft er wie im Übermaß des Entzückens, „sie ist nicht mehr fern!" Da tritt in hoher Schönheit und Anmut Serpentina aus dem Innern des Tempels, sie trägt den goldnen Topf, aus dem eine herrliche Lilie entsprossen. Die namenlose Wonne

---

[1] obere Abschlüsse einer Säule (heute: Kapitelle)
[2] große, gespaltene Blätter; häufig als Schmuckelement in Säulenkapitellen verwendet

der unendlichen Sehnsucht glüht in den holdseligen Augen, so
blickt sie den Anselmus an, sprechend: „Ach, Geliebter! Die Lilie
hat ihren Kelch erschlossen – das Höchste ist erfüllt, gibt es denn
eine Seligkeit, die der unsrigen gleicht?" Anselmus umschlingt sie
5   mit der Inbrunst des glühendsten Verlangens – die Lilie brennt in
flammenden Strahlen über seinem Haupte. Und lauter regen sich
die Bäume und die Büsche, und heller und freudiger jauchzen die
Quellen – die Vögel – allerlei bunte Insekten tanzen in den Luftwir-
beln – ein frohes, freudiges, jubelndes Getümmel in der Luft – in
10   den Wässern – auf der Erde feiert das Fest der Liebe! – Da zucken
Blitze überall leuchtend durch die Büsche – Diamanten blicken wie
funkelnde Augen aus der Erde! – Hohe Springbäche strahlen aus
den Quellen – seltsame Düfte wehen mit rauschendem Flügel-
schlag daher – es sind die Elementargeister, die der Lilie huldigen
15   und des Anselmus Glück verkünden. – Da erhebt Anselmus das
Haupt wie vom Strahlenglanz der Verklärung umflossen. – Sind es
Blicke? – Sind es Worte? – Ist es Gesang? – Vernehmlich klingt es:
„Serpentina! – Der Glaube an dich, die Liebe hat mir das Innerste
der Natur erschlossen! – Du brachtest mir die Lilie, die aus dem
20   Golde, aus der Urkraft der Erde, noch ehe Phosphorus den Gedanken entzündete, entspross – sie ist die Erkenntnis des heiligen Ein-
klangs aller Wesen, und in dieser Erkenntnis lebe ich in höchster
Seligkeit immerdar. – Ja, ich Hochbeglückter habe das Höchste
erkannt – ich muss dich lieben ewiglich, o Serpentina! – Nimmer
25   verbleichen die goldnen Strahlen der Lilie, denn wie Glaube und
Liebe ist ewig die Erkenntnis."
Die Vision, in der ich nun den Anselmus leibhaftig auf seinem Rit-
tergute in Atlantis gesehen, verdanke ich wohl den Künsten des
Salamanders, und herrlich war es, dass ich sie, als alles wie im
30   Nebel verloschen, auf dem Papier, das auf dem violetten Tische
lag, recht sauber und augenscheinlich von mir selbst aufgeschrie-
ben fand. – Aber nun fühlte ich mich von jähem Schmerz durch-
bohrt und zerrissen. „Ach, glücklicher Anselmus, der du die Bürde
des alltäglichen Lebens abgeworfen, der du in der Liebe zu der
35   holden Serpentina die Schwingen rüstig rührtest und nun lebst in
Wonne und Freude auf deinem Rittergut in Atlantis! – Aber ich Ar-
mer! – Bald – ja in wenigen Minuten bin ich selbst aus diesem

schönen Saal, der noch lange kein Rittergut in Atlantis ist, versetzt in mein Dachstübchen, und die Armseligkeiten des bedürftigen Lebens befangen meinen Sinn und mein Blick ist von tausend Unheil wie von dickem Nebel umhüllt, dass ich wohl niemals die Lilie
5 schauen werde." – Da klopfte mir der Archivarius Lindhorst leise auf die Achsel und sprach: „Still, still, Verehrter! Klagen Sie nicht so! – Waren Sie nicht soeben selbst in Atlantis und haben Sie denn nicht auch dort wenigstens einen artigen Meierhof¹ als poetisches Besitztum Ihres innern Sinns? – Ist denn überhaupt des Anselmus
10 Seligkeit etwas anderes als das Leben in der Poesie, der sich der heilige Einklang aller Wesen als tiefstes Geheimnis der Natur offenbaret?"

Ende des Märchens.

---

¹ von einem Aufseher verwalteter Bauernhof

Anhang

1. Zur Biografie

*24.1.1776 in Königsberg
†25.6.1822 in Berlin

Radierung von E. Papendieck, um 1910, nach einer Zeichnung
von Wilhelm Hensel, 1821

Ernst Theodor Amadeus Hoffmann

Auf dem Grabstein E. T. A. Hoffmanns in Berlin stehen die Worte „Ausgezeichnet im Amte, als Dichter, als Tonkünstler, als Maler", und tatsächlich hat er in allen diesen Bereichen Außerordentliches geleistet. Geboren wurde er in Königsberg. Sein trunksüchtiger Va-
5 ter ließ die Familie bald nach der Geburt des Sohnes im Stich. Unter der freudlosen Jugend und deren Nachwirkungen litt Hoffmann sein ganzes Leben. Er schlug die Juristenlaufbahn ein, wurde 1800 Assessor, verlor aber in den Wirren der Napoleonischen Kriege seine Stellung und schlug sich von 1808–1813 als Kapellmeister in
10 Bamberg, Leipzig und Dresden durch. 1814 trat er wieder als Rat beim Kammergericht in Berlin ein und starb dort – als ausgezeichneter und angesehener Beamter – 1822, gerade erst 46 Jahre alt.
Künstlerisch war er ungemein vielseitig begabt. Schon als Kind wurde er früh „mit Musik geplagt", und dank seiner Begabung
15 konnte er später jahrelang seinen Lebensunterhalt damit verdienen. Aus Begeisterung für Mozart nahm er den Vornamen Amadeus an. Er erreichte zwar nicht dessen musikalische Größe, schuf aber durchaus beachtenswerte Kompositionen, die auch heute noch aufgeführt werden. Dank seines ausgeprägten zeichneri-
20 schen Talents schuf er manche Karikaturen und Illustrationen zu seinen dichterischen Werken.
Der Dichter Hoffmann hinterließ ein umfangreiches Erzählwerk, das wie ein spukhafter dämonischer Traum anmutet und die deutsche Romantik vor allem in Frankreich und Amerika (USA) be-
25 rühmt machte und dort manchem Schriftsteller als Vorbild diente (z. B. E. A. Poe). 1815 begann er mit den *Fantasiestücken in Callots Manier* (Callot war der Schöpfer fantastischer und unheimlicher Kupferstiche). Es entstand der berühmte *Goldne Topf*, die Geschichte vom Studenten Anselmus, der mitten aus einem bürgerlichen
30 Sonntagsvergnügen in eine Zauberwelt gerät und die schöne Tochter des Zauberers gewinnt. Unter den Musiknovellen dieser Sammlung ragt der an Mozart anknüpfende *Don Juan* hervor. Auch die von 1819–1821 entstandenen *Serapionsbrüder* bieten große Erzählungen: *Doge und Dogaresse* spielt im spätmittelalterlichen Venedig
35 und besticht durch anziehende Schilderungen des Volkslebens.

Meister Martin der Küfner und seine Gesellen führt ins alte Nürnberg und regte durch die Darstellung des Handwerkerlebens Richard Wagner zu den *Meistersingern von Nürnberg* an. Im *Fräulein von Scuderi* wird ein besessener Goldschmied im Paris Ludwigs XIV. zu
5 einem gefährlichen Verbrecher. Bei Hoffmann finden sich häufig bestimmte Stilmittel: Genaue Beschreibungen von Details lassen den Leser glauben, das Erzählte sei wirklich und wahr, doch unversehens gleiten die Vorgänge ins Fantastische, Märchenhafte oder Dämonische ab, um dann wieder in die Wirklichkeit einzuschwen-
10 ken. Da wandern am hellen Tag Gespenster durch die Gegend, Tod verwandelt sich in Leben, Leben in Tod. Viele Motive unserer modernen Fantasy-Erzählungen hat er schon vorweggenommen.
Der Roman *Die Elixiere des Teufels* gleicht einem wirren Fiebertraum. Um sein fluchbeladenes Geschlecht zu entsühnen, tritt der
15 junge Medardus als frommer Bruder in ein Kloster ein, wird aber durch einen Teufelstrank überwältigt und in Verbrechen und Wahnsinn gehetzt, bis er endlich Erlösung findet. Hoffmann behandelt hier das Thema des Doppel-Ichs in Verbindung mit einer grausamen Vererbungstheorie. In den *Lebens-Ansichten des Katers*
20 *Murr* schildert der biedere, bürgerliche und biedermeierliche Kater Murr sein behagliches Leben, doch ist in die Darstellung die gegensätzliche Lebensgeschichte des Kapellmeisters Kreisler eingesprengt, der ein Ebenbild Hoffmanns ist und dessen fein empfindende, bizarre Künstlerseele schließlich in jenem Wahnsinn endet,
25 den Hoffmann selbst oft befürchtete: „Die Wochentage bin ich Jurist, höchstens etwas Musiker, sonntags am Tag wird gezeichnet und abends bin ich ein sehr witziger Autor" [...]. Beliebt und noch heute gelesen sind seine Märchen *Klein Zaches* (1819) und *Meister Floh* (1822). Sein Leben und künstlerisches Gesamtwerk wirkten
30 nachhaltig auch auf die Musikentwicklung. Robert Schumann setzte in seinem Musikstück *Kreis-leriana* das Lebensgefühl des Dichters in Musik, und Jacques Offenbach entnahm u. a. der Erzählung *Rat Krespel* die Motive zu seiner Oper *Hoffmanns Erzählungen*.

Aus: dtv junior Literatur-Lexikon. Herausgegeben von Heinrich Pleticha.
Cornelsen Verlag und Deutscher Taschenbuch Verlag. Berlin, München 9 1996,
S. 161 f.

2. Die Entstehung des „Goldnen Topfes"

Wer Hoffmanns Märchen liest und darin dem ungeschickten, aber fantasiebegabten Studenten Anselmus auf seinen merkwürdigen Wegen durch Dresden folgt, kann kaum ahnen, unter welchen Bedingungen der „Goldne Topf" entstanden ist. E.T.A. Hoffmann ist, als er im Jahr
5 *1813 das Märchen schreibt, eines sicher nicht: ein unbeschwerter Poet in friedlicher Umgebung. Tatsächlich ist seine Lebenslage äußerst unsicher und gefährlich: Er ist Neuling in der Stadt, hat eine schlecht bezahlte und wenig erfolgreiche Anstellung als Konzertmeister, ihn quälen Selbstzweifel über seine künstlerische und berufliche Zukunft – und um ihn*
10 *herum herrschen brutale Kriegszustände. Dresden wird im Sommer Schauplatz einer großen Schlacht zwischen Napoleons französischen Truppen und dem gegnerischen Heer (vor allem Österreicher und Russen) mit vielen Tausend Toten und Verletzten. Hoffmann hat diese Schrecken hautnah miterlebt und in seinen Tagebüchern festgehalten.*
15 *Unter diesen schwierigen inneren und äußeren Umständen also entschließt sich E.T.A. Hoffmann dazu, ein modernes Märchen zu schreiben. Darüber, was dieses Schreiben für ihn bedeutet und wie er seinen Text einschätzt, berichtet er seinem Verleger Carl Friedrich Kunz:*

Brief an Carl Friedrich Kunz vom 19.8.1813

In keiner als in dieser düstern verhängnisvollen Zeit, wo man seine Existenz von Tage zu Tage fristet und ihrer froh wird, hat mich das Schreiben so angesprochen – es ist, als schlösse ich mir ein wunderbares Reich auf, das aus mein(em) Innern hervorgehend und
5 sich gestaltend mich dem Drange des Äußern entrückte – Mich beschäftigt die Fortsetzung ungemein, vorzüglich ein *Märchen*[1], das beinahe einen Band einnehmen wird – Denken Sie dabei nicht, Bester!, an Schehezerade und Tausend und Eine Nacht[2] – der Turban und türkische Hosen sind gänzlich verbannt – Feenhaft und

---

[1] gemeint ist „Der goldne Topf"
[2] berühmte orientalische Märchensammlung (u. a. „Aladin und die Wunderlampe"); Scheherazade ist die fiktive Erzählerin der einzelnen Geschichten.

wunderbar, aber keck ins gewöhnliche alltägliche Leben tretend und sei(ne) Gestalten ergreifend soll das Ganze werden. So z. B. ist der Geheime Archivarius Lindhorst ein ungemeiner arger Zauberer, dessen drei Töchter in grünem Gold glänzende Schlänglein in
5 Kristallen aufbewahrt werden, aber am H. Dreifaltigkeitstage[1] dürfen sie sich drei Stunden lang im Holunderbusch an Ampels Garten sonnen, wo alle Kaffee und Biergäste vorübergehn – aber der Jüngling, der im Fest(t)agsRock sei(ne) Buttersemmel im Schatten des Busches verzehren wollte, ans morgende[2] Collegium denkend,
10 wird in unendliche wahnsinnige Liebe verstrickt für eine der grünen – er wird aufgeboten – getraut – bekommt zur Mitgift einen goldnen Nachttopf mit Juwelen besetzt – als er das erste Mal hineinpisst[3], verwandelt er sich in einen Meerkater[4] u.s.w.

Aus: E.T.A. Hoffmann: Sämtliche Werke, hg. v. H. Steinecke u. a., Bd. 1, Frankfurt/M.: Deutscher Klassiker Verlag 2003, S. 301–302

Brief an Carl Friedrich Kunz vom 4.3.1814

Ohne Säumnis schicke ich Ihnen in der Anlage das vollendete Märchen mit dem herzlichen Wunsche, dass es Ihnen in seiner durchgehaltenen Ironie Vergnügen gewähren möge! – Die Idee so das ganz Fabulose[5], dem aber, wie ich glaube, die tiefere Deutung ge-
5 höriges Gewicht gibt, in das gewöhnliche Leben keck eintreten zu lassen ist allerdings gewagt und so viel wie ich weiß von einem teutschen Autor in diesem Maß noch nicht benutzt worden; Sie können mir auch glauben, teuerster Freund, dass ich mich recht in steter Spannung und Aufmerksamkeit erhalten musste, um ganz
10 in Ton und Takt zu bleiben. – Wie mir dieses nun gelungen, mögen meine Freunde beurteilen.

Aus: E. T.A. Hoffmann: Sämtliche Werke, hg. v. H. Steinecke u. a., Bd. 6, Frankfurt/M.: Deutscher Klassiker Verlag 2004, S. 18

[1] erster Sonntag nach Pfingsten; gefeiert wird die christliche Trinität (Dreieinigkeit), d. h. die Wesenseinheit von Gottvater, Jesus und dem Heiligen Geist
[2] morgigige
[3] Diese (ihm vielleicht etwas vulgär erscheinende) Idee wird Hoffmann später verwerfen.
[4] eine kleine Affenart (Meerkatze)
[5] hier: das Fantastische, Märchenhafte

3. Wirklichkeit und Fantasie – Der romantische Dualismus

Die Literatur der Romantik besitzt bis heute eine besondere Ausstrah-
lung, etwas Faszinierendes und Geheimnisvolles umgibt sie. Das liegt
zunächst an den Themen und Interessensgebieten, die in den Texten
dieser Zeit im Mittelpunkt stehen: die Bedeutung der Fantasie, die
5 *Macht der Gefühle und die Grenzen des Verstandes. Die Begeisterung*
für diese Bereiche ist für die Autorinnen und Autoren der Romantik so
etwas wie ein ‚Gegenmittel' gegen das, was in ihren Augen das alltäg-
liche Leben ihrer Zeit prägt und so langweilig und beengt macht: das
Streben nach Ansehen und Wohlstand, die Wichtigkeit von Tugend
10 *und Anstand oder das Beharren auf Gewohnheiten. So sehr sich die*
Autoren und ihre Texte innerhalb der romantischen Epoche (ca.
1795–1830) auch voneinander unterscheiden mögen, die Spannung
zwischen begrenzender ‚Wirklichkeit' und befreiender ‚Fantasie' steht
fast immer im Mittelpunkt. In dieser Hinsicht grenzen sich die Roman-
15 *tiker auch deutlich von der Aufklärung ab, der dominanten geistigen*
und literarischen Strömung des 18. Jahrhunderts, zu deren Idealen Ver-
standesgebrauch, Selbstbeherrschung und Tugendhaftigkeit (und na-
türlich ihre literarische Darstellung) gehören.
Der romantische Dualismus zwischen Wirklichkeit und Fantasie
20 *wird hier zunächst anhand zweier kurzer Texte des bedeutenden*
romantischen Autors Novalis (eigentlich Friedrich von Hardenberg,
1772–1801) dokumentiert. Es folgen Auszüge aus literatur-
wissenschaftlichen Abhandlungen, die diesen Dualismus in besonderer
Weise bei E.T.A. Hoffmann und im „Goldnen Topf" erkennen.

Novalis: Die Welt muss romantisiert werden

Die Welt muss romantisiert werden. So findet man den ursprünglichen Sinn wieder. Romantisieren ist nichts anderes als eine quali-
tative Potenzierung[1]. Das niedre Selbst wird mit einem bessern
Selbst in dieser Operation identifiziert. [...] Indem ich dem Gemei-
5 nen[2] einen hohen Sinn, dem Gewöhnlichen ein geheimnisvolles

---

[1] Steigerung, Aufwertung des eigenen Lebens
[2] dem Alltäglichen

Ansehn, dem Bekannten die Würde des Unbekannten, dem End-
lichen einen unendlichen Schein gebe, so romantisiere ich es –
Umgekehrt ist die Operation für das Höhere, Unbekannte, Mystische, Unendliche – [...] es bekommt einen geläufigen Ausdruck.[1]
Zit. nach: Theorie der Romantik, hg. v. Herbert Uerlings, Stuttgart 2000, S. 51 f.

Novalis: Wenn nicht mehr Zahlen und Figuren (1800)

Wenn nicht mehr Zahlen und Figuren[2]
Sind Schlüssel aller Kreaturen
Wenn die so singen, oder küssen,
Mehr als die Tiefgelehrten wissen,
5 Wenn sich die Welt ins freie Leben
Und in die Welt wird zurückbegeben,
Wenn dann sich wieder Licht und Schatten
Zu echter Klarheit wieder gatten,
Und man in Märchen und Gedichten
10 Erkennt die wahren Weltgeschichten,
Dann fliegt vor Einem geheimen Wort[3]
Das ganze verkehrte Wesen[4] fort.
Aus: Novalis: Werke. Hrg. von Gerhard Schulz, München, 4. Auflage 2001, S. 85

Heinz Puknus: Dualismus und versuchte Versöhnung

Die nachaufklärerische Situation, die Hoffmann vorfand, war vom
Widerstreit zweier anscheinend unvereinbarer Prinzipien charakte-
risiert: des weithin zur Herrschaft gelangten rationalistischen und
des gegenläufigen protesthaft romantischen. Gesellschaftlich ent-
5 sprach dem die Antithese von nüchtern kalkulierender Bürgerlich-
keit und zweckfrei – auch auftragsfrei! – schweifendem Künstler-
tum. Beider Gewicht war durch die Emanzipationsbewegungen
des 18. Jahrhunderts gewachsen. Nun stießen sie in heftiger, un-
vermittelter Konfrontation aufeinander. Die nachmals geläufige

---

[1] hier: eine anschauliche Darstellung
[2] Attribute des nüchternen Verstandes
[3] gemeint ist hier das Wort des Dichters
[4] hier so viel wie die ‚falsche' Weltsicht des begrenzten (Alltags-)Verstan-
des

Künstlerpolemik setzte kurzerhand wirkungsvoll ‚Poesie' gegen ‚Prosa', Genie wider Mittelmaß. In solcher Stoßrichtung begann, um etwa 1810, auch Hoffmann, ein *später* Romantiker, zu schreiben. Nicht anders als die Vorangegangenen, die Tieck und Novalis,
5 wertet er zunächst die Sphäre des Wunderbaren zum einzig gültigen, ‚eigentlichen' Sein auf. Einst, in glücklicherer Vor- und Frühzeit, ist es in unmittelbarer Anschauung gegenwärtig gewesen, bevor der Gedanke es daraus verdrängte. Nun aber bewirken noch Kunst und Poesie in geheimnishaften Zuständen die Rückverzau-
10 berung der Welt. Novalis hatte solche Zustände freilich nur in ferner, selbst schon romantisierter Vergangenheit gesucht – Hoffmann ließ dagegen, wie immer wieder bemerkt, das Zauberreich den städtischen Alltag der Zeit durchdringen. [...] Die gegnerische Macht des Bürgers steht mit beiden Beinen auf ihrem festen Bo-
15 den, kaum noch beirrbar, nicht ‚aufzuheben' in die Wunder-Welt, für die sie nur ein Achselzucken hat. Umso stärker demgemäß die Spannung zwischen den Polen, die bis zum Äußersten ansteigt. Hoffmanns Poeten und ‚Fantasten' werden von ihr fast ‚zerrissen' – selbst noch herkunftsmäßig den bürgerlichen Deutungen und
20 Wertungen verpflichtet, müssen sie den Konflikt am eigenen Leibe austragen.

Aus: Heinz Puknus: Dualismus und versuchte Versöhnung. Hoffmanns zwei Welten vom ‚Goldnen Topf' bis ‚Meister Floh', In: E.T.A. Hoffmann, Hg. v. H.L. Arnold. München: Edition Text & Kritik 1992, S. 53 f.

Hartmut Steinecke: Die Kunst der Fantasie

Die Erzählung wird durchgehend von den Antithesen geprägt, die der Titel ankündigt: Es ist ein Märchen, aber eines aus der neuen Zeit. Bereits in der ersten Überschrift – „Des Konrektors Paulmann Sanitätsknaster und die goldgrünen Schlangen" – werden eine bür-
5 gerliche und eine wunderbare Welt konfrontiert. Diese Dualität zeigt sich im ständigen Wechsel des Schauplatzes und des Personals.
Die Welt des Bürgertums, in erster Linie repräsentiert von Konrektor Paulmann und Registrator Heerbrand (bezeichnenderweise
10 nimmt ihr Beruf die Stelle des Vornamens ein), ist geprägt vom Streben nach materieller Sicherheit, nach Unauffälligkeit im Ver-

halten sowie nach Anerkennung durch die Umwelt. Dieses Bürger-
tum wird zwar ironisch und gelegentlich (insbesondere in seinen
philiströsen Ritualen[1]) satirisch gezeichnet, aber keineswegs
durchgehend negativ. Der wichtigste Vertreter der Gegenwelt des
5 Wunderbaren, der Archivarius Lindhorst, ist eine mythische Figur,
ein Salamander – seine in der Atlantis-Mythe erzählte Geschichte
erweist den Elementargeist als Teil einer seit der Schöpfung existie-
renden Geisterwelt. Seine Auseinandersetzung mit den Gegenkräf-
ten des Bösen findet in der Erzählgegenwart ihre Fortsetzung, im
10 Kampf mit der Hexe um den goldenen Topf. Und wie diese in der
„neuen Zeit" als Marktweib und als Kinderfrau auftritt, hat auch
Lindhorst einige bürgerliche Züge angenommen: Er übt einen Beruf aus, er verkehrt im Gasthaus, er hat das höchst bürgerliche
Problem der Versorgung lediger Töchter. Umgekehrt können auch
15 die Bürger Anteil am Wunderbaren haben: im Traum, in der Liebe,
durch den Alkohol; allerdings bleiben auch in diesen wirklichkeits-
fernen Zuständen die Bürgerträume von Erfolg und Ansehen vor-
herrschend. Die Philister leiden nicht am Gefängnis ihrer Wirklichkeit, sie empfinden die Einengung ebensowenig wie die Kreuz-
20 schüler in der Glasflasche.
Der Konflikt zwischen den beiden Welten wird dargestellt als Kampf
um den Studenten Anselmus.

Aus: Hartmut Steinecke: Die Kunst der Fantasie. E.T.A. Hoffmanns Leben und Werk.
Frankfurt/M.: Insel Verlag 2004, S. 183 f.

Helmut Prang: Die romantische Ironie

Im Märchen „Der goldne Topf" macht sich die Anwendung der
Ironie wohl am ehesten in dem ständigen Wechsel von Fantasie-
welt und Bürgerwelt bemerkbar, sodass der Leser immer wieder
aus dem Bereich des Märchenhaften abrupt herausgerissen und in
5 die banale Welt der Philister versetzt wird. Was eben vom Dichter
poetisch aufgebaut wurde, wird sogleich wieder bewusst zerstört.
[...]

---

[1] gepflegte Gewohnheiten, die einen kleinkarierten (‚spießigen') Charakter
offenbaren

Es ist aber nicht nur die Tatsache, *dass* HOFFMANN uns dieses bewegte Hinundher zumutet, sondern auch die Art, *wie* er sprachlich
und gerade etwa zu Beginn einer neuen Vigilie diesen Wechsel vor-
nimmt, was uns berechtigt, bei dieser Erzähltechnik von ange-
5 wandter Ironie zu sprechen. Eben sind wir z. B. noch mit Anselmus
am Ende der ersten Vigilie bei den drei Schlangen und ihrer fantastischen Bild- und Klangwelt, da setzt die zweite Vigilie ein: „Der
Herr ist wohl nicht recht bei Troste! Ähnliche Vorgänge wiederholen sich. Beobachten wir schließlich noch den Anfang der 12. Vigi-
10 lie. Der Dichter stellt Betrachtungen über das Schreiben seiner elf
Vigilien an und über sein Unvermögen, nun auch noch die zwölfte
zustande zu bringen, bis er glücklicherweise einen Brief des von
ihm ja erfundenen Archivarius Lindhorst erhält. [...]
Im trocknen Kanzleistil[1] lässt der Dichter eine seiner Hauptgestal-
15 ten nicht nur über eine andere wichtige Figur dieser Erzählung etwas mitteilen, sondern er lässt sie auch Klage führen wegen der
möglichen schädlichen Auswirkungen dessen, was HOFFMANN
über Lindhorsts Wesen gesagt hat. Aber „unerachtet alles dessen"
will Lindhorst seinem poetischen Erfinder „in der Vollendung des
20 Werks behilflich sein", weil dieser ja auch „viel Gutes" von ihm und
seiner Tochter Serpentina gesagt habe. Und somit gibt er ihm
schließlich einen Rat, wie er auch noch die zwölfte Vigilie zum Ab-
schluss bringen könne. Die vom Dichter erfundene Gestalt gewinnt
hier so viel geistige Selbstständigkeit, dass sie nicht nur ihre Zu-
25 friedenheit oder Unzufriedenheit mit ihrem Schöpfer zum Ausdruck bringen, sondern dass sie ihm sogar zur Fertigstellung seines Werkes verhelfen kann! Das Kunstmittel der angewandten Ironie ist hier also nicht zu verkennen.

Aus: Helmut Prang: Die romantische Ironie. Darmstadt: Wissenschaftliche
Buchgemeinschaft, 3. Auflage 1989, S. 56 f.

---

[1] umständliche Behördensprache

Illustrationen – Anselmus am Holunderbusch

Zeichnung von Fritz Fischer

Zeichnung von Josef Hegenbarth

4. Das romantische Märchen

Unter einem Märchen stellt man sich in der Regel eine Geschichte vor, in der auf ganz selbstverständliche Weise von Wunderbarem, d. h. eigentlich Unmöglichem, berichtet wird. Diese Geschichten sind sehr alt und wurden nur mündlich weitergegeben, bis sie jemand (wie z. B. die
5 *Gebrüder Grimm) sammelt und aufschreibt. Für diese Art Märchen hat sich der Begriff ‚Volksmärchen‘ eingebürgert. Von etwas anderer Art ist dagegen das sogenannte ‚Kunstmärchen‘: Auch hier wird von Wunderbarem berichtet und es tritt oft auch das Personal aus den Volksmärchen auf (sprechende Tiere, Hexen, Prinzessinnen usw.), die*
10 *Autoren verbinden mit ihren Märchen aber eine ganz andere Zielsetzung. Ihre Märchen enthalten meist bildliche Darstellungen anspruchsvoller philosophischer Überlegungen, die vor allem zukünftige Idealvorstellungen des Lebens oder der Gesellschaft (also Utopien) betreffen. Kunstmärchen sind keine Texte für Kinder, sondern richten sich eher an*
15 *geübte Leser.*

In der Romantik wird das Kunstmärchen zu einer der wichtigsten Gattungen überhaupt, fast alle bedeutenden Autorinnen und Autoren der Zeit nutzen diese Textform. Einerseits passt sie zu der romantischen Forderung nach unbegrenzter Fantasie, andererseits aber ermöglicht
20 *sie – wie bereits angedeutet – in besonderer Weise die Gestaltung utopischer, (noch) ganz traumhafter Welten – und dies ist ein zentrales Anliegen der Romantik: Die Sehnsucht nach einem heilen, idealen Leben jenseits der Störungen und Verflachungen des Alltags. Einen wichtigen Begriff für diese utopische Tendenz der Romantik (und des ro-*
25 *mantischen Märchens) hat Friedrich Schlegel (1772 – 1829) geprägt: die neue Mythologie. Statt nur vergangene Sagen und Mythen zu lesen, so Schlegel, sei es an der Zeit, neue (in die Zukunft gerichtete) zu verfassen. Die mythische Geschichte von Atlantis im „Goldnen Topf" (3., 8. und 12. Vigilie) lässt sich als märchenhafte Vision in diesem*
30 *Sinne verstehen.*

Die folgenden Textausschnitte behandeln das romantische Märchen – zunächst aus der Sicht der Romantik-Autoren, dann aus der rückblickenden der Literaturwissenschaft.

Novalis: Das echte Märchen*

Das echte Märchen muss zugleich *Prophetische Darstellung* – idealische Darstellung[1] – absolut notwendige Darstellung sein. Der echte Märchendichter ist ein Seher der Zukunft. [...] Ein höheres Märchen wird es, wenn ohne den Geist des Märchens zu verscheu-
5 chen irgendein *Verstand*[2] (Zusammenhang, Bedeutung etc.) hineingebracht wird. Sogar *nützlich* könnte vielleicht ein Märchen werden.

Aus: Novalis: Der Kanon der Poesie. In: Theorie der Romantik. Hg. v. Herbert Uerlings. Stuttgart: Reclam 2000, S. 177 f.

E.T.A. Hoffmann: Über das Märchen

In seinem Erzählungsband „Die Serapionsbrüder" (1821) legt Hoffmann einer Figur seine eigene Auffassung über die Textform des Märchens in den Mund. Er grenzt sie bewusst vom gänzlich fantastischen Märchentypus ab:

Ich meine, dass die Basis der Himmelsleiter, auf der man hinaufsteigen will in höhere Regionen, befestigt sein müsse im Leben, sodass jeder nachzusteigen vermag. Befindet er sich dann immer höher und höher hinaufgeklettert, in einem fantastischen Zauber-
5 reich, so wird er glauben, dies Reich gehöre auch noch in sein Leben hinein und sei eigentlich der wunderbar herrlichste Teil desselben. Es ist ihm der schöne prächtige Blumengarten vor dem Tore, in dem er zu seinem hohen Ergötzen[3] lustwandeln kann, hat er sich nur entschlossen, die düstern Mauern der Stadt zu verlassen.

Aus: E.T.A. Hoffmann: Die Serapionsbrüder. Hg. v. Walter Müller-Seidel. Darmstadt 1967, S. 599

---

[1] Darstellung eines erhofften, erträumten Zustandes (Utopie)
[2] hier: (philosophisches) Nachdenken
[3] Genuss, Freude

Mathias Mayer/Jens Tismar: Kunstmärchen

Hoffmanns Märchen sind von der Literaturkritik seit Langem als
‚Wirklichkeitsmärchen‘[1] rubriziert[2]. Realitäts- und Märchenprinzip
stoßen indes zwiespältiger aufeinander, als die paradoxe Formulie-
rung zu erkennen gibt. Hoffmanns Märchen sind nicht einfach
Volksmärchen, die [...] in den Bereich alltäglicher Wirklichkeit um-
gesiedelt wären; sie manifestieren[3] einen Dualismus des Wunderbaren und Empirischen und demonstrieren in ironisch-humoristi-
scher Weise[4] dessen Aufhebung durch das Erzählen. [...]
[D]er Held [wird] aus seiner individuellen wie der gesellschaftlichen
Zerrissenheit in eine Region der Glückseligkeit hinausgeführt, in der
Ich und Natur im Einklang sind und er an die Wirklichkeit der Fantasie glaubt. Dies Reich wird im „Goldnen Topf" *Atlantis* genannt und
am Ende des Märchens dechiffriert[5]: als das Reich der Poesie.

Mathias Mayer/Jens Tismar: Kunstmärchen. 3. Aufl., Stuttgart: Metzler, 3. Auflage
1997, S. 88 f.

Hartmut Steinecke: Zum „Goldnen Topf"

Gedankliche Grundlage eines Weltbildes und Geschichtsverständ-
nisses, das die Aufhebung der Unterschiede und die Erlösung der
Welt zum Ziel hat, ist die Idee vom ‚goldenen Zeitalter‘[6]. Diese aus
der Antike stammende Vorstellung wird bei Novalis entfaltet und
von zahlreichen anderen romantischen Schriftstellern aufgegrif-
fen. [...] In Hoffmanns Märchen wird sie auf das Ästhetische kon-

---

[1] Bezeichnung, mit der deutlich werden soll, dass Hoffmanns Märchen
    nicht von vornherein in einer erdachten Märchenwelt spielen, sondern in
    der realen Gegenwart, in die dann das Märchenhafte einbricht
[2] eingeordnet
[3] zeigen, drücken aus
[4] Gemeint ist hier, dass der glückliche Ausgang der Erzählung (Anselmus
    und Serpentina in Atlantis) von Hoffmann bewusst spielerisch und eben
    märchenhaft in Szene gesetzt wird – und damit als Illusion bzw. Traum
    deutlich wird.
[5] entschlüsselt
[6] Nach dieser antiken Vorstellung gab es ursprünglich ein ‚goldenes‘, para-
    diesisches Zeitalter, auf das eine schrittweise Verschlechterung folgt; Ziel
    bleibt es in der Gegenwart, jenes ‚goldene Zeitalter‘ wieder zu erreichen.

zentriert: Atlantis bedeutet hier das ‚Leben in der Poesie'. [...] Dieser Name für das im Meer versunkene sagenhafte Reich findet sich bereits bei Platon[1], er wurde zu einer der Chiffre für Utopia. [...] Das Märchen zeigt den Weg eines jungen Mannes von Dresden nach Atlantis, vom Studenten und ‚poetischen Gemüt' zum Dichter. Dieser Weg ist häufig mit dem des Helden im Entwicklungsroman[2] verglichen worden. [...] Sein Ziel findet dieser Bildungsprozess in Atlantis, einem Reich jenseits der Welt und der Gesellschaft.

Hartmut Steinecke: Kommentar zum „Goldnen Topf". In: E.T.A. Hoffmann: Sämtliche Werke, Hg. v. H. Steinecke u. a., Bd. 2/1, Frankfurt/M.: Insel Verlag 1993, S. 758, 769.

Detlef Kremer: Die romantische Liebe im „Goldnen Topf"

Hoffmanns paradigmatischer[3] Text über die Verwandlung des Eros in literarische Schrift ist gewiss *Der goldne Topf.* Neben etlichen anderen Geschichten – dem Treiben eines alchemistisch geschulten Magiers namens Lindhorst, der gleichzeitig Beamter und Feuersalamander ist, der kabbalistischen Initiation[4] des Studenten und Schönschreibers Anselmus und seinem Verschwinden im poetischen Atlantis – erzählt der Text ganz einfach auch eine Dreiecksgeschichte: Anselmus am Scheideweg zwischen zwei Frauen, die gleichzeitig zwei Lebensformen bedeuten. Es handelt sich um die *körperliche* Veronika Paulmann mit dem handfesten Interesse, zu heiraten und Frau Rätin zu werden, und um die *ätherische*[5] Schöne namens Serpentina, älteste Tochter des Magiers, die körperlos ist und dem romantischen Jüngling die Freuden einer rein poetischen Existenz verspricht. Dass das Geschäft des Schreibers Dis-

---

[1] antiker Philosoph (427–347 v. Chr.), der in seinen Schriften von dem Untergang des hoch entwickelten Insel Atlantis erzählt und damit den Mythos Atlantis gründet

[2] besondere Romanform, die den (geistigen und gesellschaftlichen) Entwicklungsprozess des Protagonisten in den Mittelpunkt stellt (z. B. J. W. Goethe: Wilhelm Meisters Lehrjahre)

[3] beispielhafter

[4] magisch-geheimnisvolle Einführung (Kabbala: eigtl. die mystische Tradition des Judentums)

[5] zarte, beinahe körperlose

tanz gegenüber der leiblichen Frau erfordert, darüber lässt Hoffmann im Falle seines Anselmus keinerlei Zweifel aufkommen. Wenn sich dieser im Haus des Magiers Lindhorst zur Abschrift von dessen rätselhaften hieroglyphischen Manuskripten einfindet,
5 dann kann dies nur gelingen, wenn er sich vollständig der sublimen[1] Seite der weiblichen Erscheinung *verschreibt*. Erst in dem Augenblick kann er sein poetischen Atlantis finden, als es ihm gelungen ist, sich die heiratswütige Veronika Paulmann aus der Pirnaer Vorstadt vom Leib zu halten und sich ganz der spirituellen, körper-
10 lich auf das Notwendigste reduzierten Schlange namens Serpentina hinzugeben. Der Erzähler legt Wert darauf, die vollendete Androgynität[2] der Muse[3] festzustellen. Ihr flüchtiger Körper ist nicht nur schlank, sondern „schlanker als schlank". Nur für diesen Fall erlaubt Hoffmann einen – natürlich ironisch versetzten – Blick auf
15 eine romantische Liebe bzw. Ehe: Die Körperlichkeit der Muse muss so weit androgyn zurückgenommen werden, dass sie sich zur sublimen Inspiration verwandelt hat und mit den Schreibbewegungen des Anselmus identisch geworden ist. Hoffmanns Vision der romantischen Liebe ist eine der Schriftpraxis. Vereinigung gibt
20 es nur in der imaginären Existenz der Schrift: „Dem Anselmus war es, als sei er von der holden lieblichen Gestalt so ganz und gar umschlungen und umwunden, dass er sich nur mit ihr regen und bewegen könne und als sei es nur der Schlag ihres Pulses, der durch seine Fibern und Nerven zitterte [...]."
25 Das Bildungsziel des Pädagogen Lindhorst ist klar: Es gilt, das Bild der geliebten Frau sublim zu pflegen, weil es der geheime Motor des poetischen Schreibflusses ist, den Körperlichkeit nur stört, wenn nicht aufhebt.

Aus: Detlef Kremer: E.T.A. Hoffmann: Zur Einführung. Hamburg: Junius Verlag. 1998, S. 52f.

---

[1] feinsinnigen, empfindsamen
[2] Geschlechtslosigkeit; Erscheinung, die auf den ersten Blick nicht einem Geschlecht zuzuordnen ist
[3] Person, die andere zu kreativen Leistungen inspiriert

Paul-Wolfgang Wührl: Die triadische Denkfigur in der Atlantis-Mythe

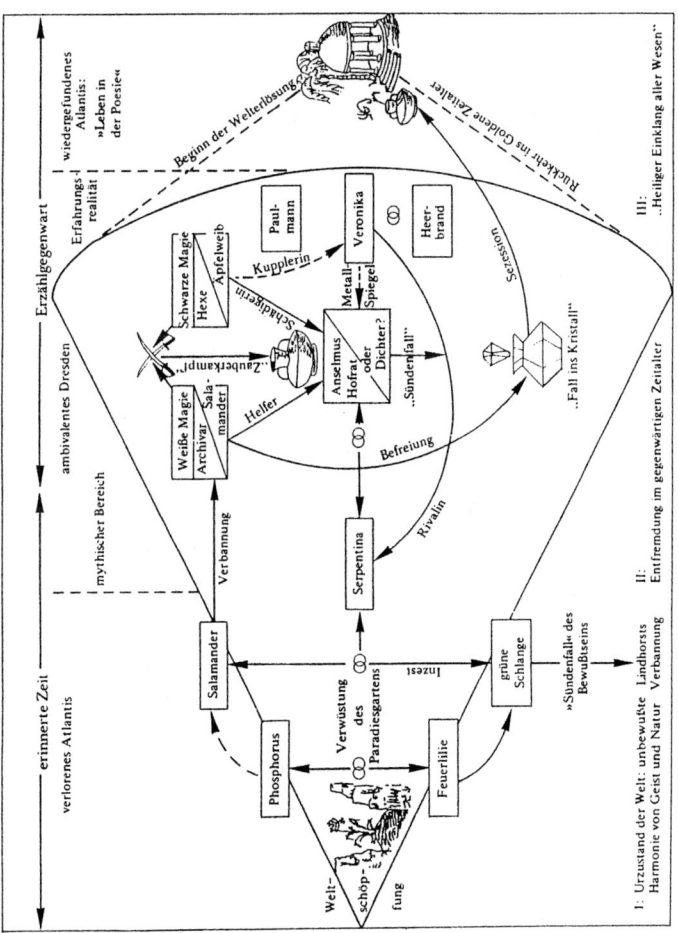

Figurenkonstellation und Geschehnisraum im „Goldnen Topf".
Die triadische Denkfigur in der Atlantis-Mythe

Paul-Wolfgang Wührl: Die triadische Denkfigur in der Antlantis-Mythe.
In: Das deutsche Kunstmärchen. Baltmannsweiler: Schneider Verlag Hohengehren
2003, S. 166

5. Dresden als Handlungsort

① Das Schwarze Tor   ② Cosel'scher Garten   ③ Linkisches Bad
④ Pirnaer Vorstadt   ⑤ Seetor   ⑥ Schlossgasse

Erklärung der Zahlen u.
Buchstaben.

Alt Dresden ist mit Zah-
len, Neustadt mit großen
Buchstaben, und Friedrich-
stadt mit kleinen Buchstaben
bemerkt.

1. Alte Marckt	41. Töpfer Gasse
2. Neue Marckt	42. Elb Gasse
3. Schloß	43. Kl. Opern H.
4. Prinzl. Palais	44. Vieweide
5. Cathol. Kirche	45. Lazareth
6. Zwinger	46. Mittel Gasse
7. Frauen Kirche	47. Jüds Gasse
8. Kreuz Kirche	48. Fischersdorf
9. Soph. Kirche	49. Gerber Gasse
10. Schloß Gasse	50. Rosen Gasse
11. Schloßer Gasse	51. Männer Spital
12. Frauen Gasse	52. Falkenhoff
13. Kl. Brüder Gasse	53. Neue Gasse
14. Gr. Brüder Gasse	54. Kl. Plauische Gas
15. Wilsdruffer Gasse	55. Gr. Plauische Gas.
16. Scheffel Gasse	56. Jungfern Stift
17. Weber Gasse	57. Winckel
18. Zahns Gasse	58. Kälber Steg
19. Breite Gasse	59. Kalbeilen Gasse
20. See Gasse	60. Juden Teich
21. See Thor	61. Born Gasse
22. Schreiber Gasse	62. Pirnaische Gas.
23. Pfarr Gasse	63. Neue Gasse
24. Schul Gasse	64. Dreh Gasse
25. Marstall	65. Ramische Gas.
26. Kreuz Gasse	66. Ziegel Gasse
27. Büttel Gasse	67. Lange Gasse
28. Markt Gasse	A. Iapanische Pa-
29. Nasen Gasse	lais und Garten
30. Weiße Gasse	B. Königs Straße
31. Moriz Straße	C. Graben
32. Pirnaische Gas.	D. Pfarr Gasse
33. Pirnaische Thor	E. Neue Gasse
34. Gr. Schieß Gas.	F. Kl. Meisnische Gasse
35. Kl. Schieß Gas.	G. Meinische Gasse
36. Zeughaus	H. Kloster Gasse
37. Ramische Gas.	I. Breite Gasse
38. Zimmerhof	a. Schäferei
39. Münze	b. Freimaurer Schul
40. Brühl. Garten	c. Vorwergs Straße
	d. Kathol. Kirch.
	e. Neue Gasse

*Zu der realistischen, wirklichkeitsnahen Seite des Märchens gehört es,
dass die Stadt Dresden, in der E.T.A. Hoffmann während des Schrei-
bens am „Goldnen Topf" lebte, als Handlungsort detailgetreu verge-
genwärtigt wird. Das beginnt schon auf den ersten Seiten: Der Student*
5 *Anselmus rennt durch das Schwarze Tor aus der Stadt hinaus und will
zum Linkischen Bade, auf dem Rückweg trifft er den Konrektor Paulmann am Kosel'schen Garten und fährt mit der Gondel über die Elbe
zur Pirnaer Vorstadt. Man kann diesen Weg sehr gut auf einem historischen Stadtplan verfolgen (siehe S. 112/113). Die Geografie der Stadt*
10 *kann im Märchen aber auch symbolische Bedeutung bekommen: So
leben die beiden mythischen Kontrahenten Archivarius Lindhorst und
die Hexe fernab der bürgerlichen, belebten Innenstadt. Zum Archivarius muss Anselmus eine halbe Stunde vom Zentrum aus (Schlossgasse)
in eine „einsame Straße" laufen (vgl. S. 19, Z. 29f.) und die Hexe*
15 *wohnt „in einer entlegenen Straße vor dem Seetor" (vgl. S. 38,
Z. 29).*

Dresden-Ansicht

Dresden gegen Mitternacht (um 1820)

Das „Linkische Bade"

Theater auf dem Linckeschen Bad, Kolorierte Lithographie vor 1858

Kahnfahrt auf der Elbe

Carl Gustav
Carus: Kahnfahrt
auf der Elbe,
Dresden 1827

Der Türknauf

Das sogenannte ‚Apfelweibla' (Türknauf in Bamberg, wo Hoffmann von 1808–1813 lebte; vgl. das Ende der zweiten Vigilie: „Ach!, es war ja das Apfelweib")

6. Die Rezeption – Zwischen Begeisterung und Kritik

Die Reaktionen auf das Erscheinen des „Goldnen Topfes" waren über-
wiegend positiv, teilweise regelrecht begeistert, wie die Rezension des
Schriftstellers Friedrich Gottlob Wetzel (1779–1819) zeigt. Andere Au-
toren dagegen hatten ihre Probleme mit Hoffmanns Dichtungen und
5 *auch mit dem „Goldnen Topf". So notiert Johann Wolfgang Goethe in*
sein Tagebuch: „Den goldenen Becher angefangen zu lesen. Bekam
mir schlecht; ich verwünschte die goldenen Schlängelein" (Eintrag vom
21.5.1827, zitiert in: E.T.A. Hoffmann. Leben, Werk, Wirkung, hg. v.
Detlef Kremer, Berlin 2009, S. 115). Auch der Schriftsteller und Kritiker
10 *Ludwig Börne (1786–1837) betrachtet Hoffmanns Märchentexte mit*
skeptischem Blick, vor allem missfällt ihm, dass dort das Verzweifelte,
Kranke und Wahnsinnige zu sehr ausgebreitet seien. Abgesehen von
solchen Stimmen aber hat sich die Meinung durchgesetzt, dass „Der
Goldne Topf" zu E.T.A. Hoffmanns Meisterwerken gehört und darüber
15 *hinaus zu den bedeutendsten Texten der Romantik überhaupt.*

Friedrich Gottlob Wetzel

Der *dritte* Band enthält bloß das schon oben erwähnte Märchen,
genannt *vom goldenen Topf.* Wenn es Werke des Genius gibt, die,
gleich hoch über Lob und Tadel erhaben, den Maßstab, nach welchem sie zu messen sind, erst mit sich selbst auf die Welt bringen,
5 so rechnen wir unbedenklich dieses wunderschöne Märchen zu
jenen seltnen Geistesblüten. In der Tat wüssten wir neben ihm
nichts zu nennen, als Goethes berühmtes Märchen[1] in den Unter-
haltungen Deutscher Ausgewanderter und Fouqué's liebliche Undine[2], doch übertrifft der goldene Topf diese unstreitig noch an
10 fantastischem Reichtum und kecker lebendiger Charakteristik. Die
kühnste Fantasie, mit den gewagtesten Kombinationen, wie nur
der Traum sie schaffen kann, in geisterhafter Lebendigkeit spie-

---

[1] „Das Märchen" ist die letzte Erzählung aus Goethes Novellenzyklus „Un-
terhaltungen deutscher Ausgewanderter" (1795).

[2] Gemeint ist die Erzählung „Undine" (1811) von Friedrich de la Motte Fouqué.

lend, durchdringt sich in diesem wunderbaren Produkte mit dem reifsten Verstande und der klarsten Besonnenheit. Die dem Ganzen zum Grunde liegende Idee ist mit ebenso streng philosophischer Konsequenz durchgeführt, als mit der herrlichsten Ironie objectiviert[1] und durch und durch beseelt, und die unvergleichliche Geschichte wird den ernsten Denker ebenso durch die geistreichste Planmäßigkeit und durch den Tiefsinn der Ideen ansprechen, als

5 den oberflächlichsten Leser durch bezaubernde Anmut der Darstellung gewinnen und festhalten: was eben der Stempel eines ächt poetischen Werkes aus gediegenem Golde ist. [...]

[...] Wir schließen an diese allgemeine Andeutungen über Geist und Bedeutung des Werkes noch einige besondere Winke. Zuerst

10 spricht uns von allen Blättern die seltene Kunst an, womit der Dichter sein Märchen auf sicheren, wohlbekannten Boden festgründet, ganz der Weise unserer gewöhnlichen Romantiker entgegen, bei denen alles in Nebel spielt und die ihre Dichtungen nach Spanien, Italien, Indien oder gar nach Utopien verlegen, weil sie

15 der Kraft lebendiger Vergegenwärtigung ermangeln. Unsres Verf. Märchen spielt in Dresden und in der neuesten Zeit, sein dreister Pinsel scheut auch die nächste Nähe nicht [...]. Auch sind die Figuren seines Märchens mit so ergreifender Wahrheit, so hinreißender Natur gezeichnet, dass man schwören sollte, man habe sie

20 gekannt und sei mit ihnen umgegangen. Demohngeachtet begleitet eine leise Geistermusik das Ganze vom Anfang zum Ende. Nichts ist lieblicher als die erste Erscheinung Serpentinas (der Geliebten des Anselmus) und ihrer beiden Schwestern in der Gestalt kleiner goldgrüner Schlangen.

Aus: Heidelbergische Jahrbücher der Literatur (1815) (abgedr. in heutiger Schreibung)

Ludwig Börne

In allen diesen gesammelten Erzählungen und Märchen herrscht eine abwärts gekehrte Romantik [...]. Es ist Fantasie darin, aber [...] eine [...] zersetzende Fantasie. Wer auf Marionettenbühnen jene tanzenden Figuren gesehen hat, die Hände und Arme, dann Füße

---

[1] hier: in eine allgemeine Perspektive gesetzt

und Schenkel, endlich den Kopf wegschleudern, bis sie zuletzt als gräuliche Rumpfe umherspringen, der hat die Gestalten der Hoffmann'schen Erzählungen gesehen, nur dass diese von allen Gliedern den Kopf zuerst verlieren.

Aus: Ludwig Börne: Gesammelte Schriften, Bd. 4. Hamburg 1840, S. 280 f. – Zit. nach: Paul-Wolfgang Wührl: Der goldne Topf. Erläuterungen und Dokumente, Stuttgart: Reclam 2004, S. 135

7. Einen Text/Textauszug beschreiben und deuten (analysieren)

Vorarbeiten

Markieren Sie alle Auffälligkeiten, z. B. sprachliche Besonderheiten, mögliche Untersuchungsgesichtspunkte, Deutungsansätze, Bezüge zu parallelen Texten. Markieren Sie nach Möglichkeit mit unter-
5 schiedlichen Farben oder unterschiedlichen Unterstreichungen (durchgezogene Linie, Wellenlinie, gestrichelte Linie ...).
Schreiben Sie nicht gleich los, sondern legen Sie die Struktur Ihrer Arbeit zunächst in Stichworten fest.

Auswahl einer geeigneten Analysemethode

10 Texte können auf unterschiedliche Weise analysiert werden. Im Wesentlichen geht es dabei um zwei Methoden:

a) Die Linearanalyse

Der Text wird von oben nach unten bzw. vom Beginn bis zum Ende bearbeitet. Dabei geht man nicht Satz für Satz vor, sondern kenn-
15 zeichnet zunächst den Aufbau des Textes und bearbeitet (analysiert) die einzelnen Abschnitte nacheinander. Der Vorteil dieser Methode besteht darin, dass ein Text sehr detailliert und genau bearbeitet wird. Vor allem bei kürzeren Texten ist diese Analysemethode zu empfehlen. Man kann sich jedoch auch im Detail verlie-
20 ren und die eigentlichen Deutungsschwerpunkte zu sehr in den Hintergrund drängen. Der Zusammenhang gerät leicht aus dem Auge, wenn man zu kleinschrittig vorgeht.

b) Die aspektgeleitete Analyse

Der Schreiber oder die Schreiberin legt vorab bestimmte Untersu-
25 chungsaspekte fest und arbeitet diese nacheinander am Text ab. Der Vorteil dieser Methode besteht darin, dass der eigene Text einen klaren Aufbau erhält und der Leser/die Leserin von Beginn an

auf die wesentlichen Untersuchungsaspekte hingewiesen werden kann.

Ein Nachteil kann darin bestehen, dass einige Deutungsaspekte, die als nicht so gewichtig angesehen werden, unter den Tisch fal-
5 len. Prinzipiell sollten Sie bei längeren Texten oder Textauszügen die aspektgeleitete Analyse der Linearanalyse vorziehen, da sie mehr Orientierung im Dickicht der einzelnen Details bietet. Dazu bedarf es aber auch erhöhter Konzentration und Fähigkeit zur Fokussierung oder Verdichtung auf den Kern des Problems, den Sie
10 vorab identifizieren müssen. Der Arbeit vor dem eigentlichen Schreiben kommt hier eine besondere Bedeutung zu.

Der Aufbau einer Linearanalyse

1. Einleitung: Autor, Textart, Titel, Erscheinungsjahr; evtl. über den historischen Hintergrund informieren; Ort, Zeit und Personen
15 des zu behandelnden Textes angeben; kurze Inhaltsübersicht darbieten, bei einem Auszug aus einer Novelle oder einem Roman kurz wiedergeben, was zuvor oder danach geschieht.

2. Zusammenfassende Aussagen zum inhaltlichen Aufbau, zu den Textabschnitten (kann auch in den folgenden Teil einflie-
20 ßen)

3. Genaue Beschreibung und Deutung der Textabschnitte
   • Aussage zum Inhalt des jeweiligen Abschnitts
   • Aussagen zur Deutung
   • Aussagen zur sprachlichen Gestaltung als Beleg für die Deu-
25 tungen
   • Überleitung zum nächsten Textabschnitt

4. Evtl. Erläuterungen zur Textart (kann auch zuvor einfließen)

5. Schlussteil: Zusammenfassung der Analyseergebnisse, Einordnung der Analyseergebnisse in einen größeren Zusammenhang
30 und in den zeitgeschichtlichen Hintergrund (falls nicht im Rahmen der Linearanalyse erfolgt), persönliche Wertungen ...

Der Aufbau einer aspektgeleiteten Analyse

Die zuvor aufgelisteten Punkte 1, 4 und 5 gelten auch für diese
Analysemethode. Es ändern sich jedoch die Punkte 2 und 3:

2. Kennzeichnung der Aspekte im Überblick, die im Folgenden detailliert am Text untersucht werden sollen

3. Analyse des Textes entsprechend den zuvor genannten Schwer-
   punkten
   - Nennen des Untersuchungsaspektes
   - Kennzeichnung des inhaltlichen Zusammenhangs, in dem er
     relevant ist
   - Aussagen zur Deutung
   - Aussagen zur sprachlichen Gestaltung als Beleg für die Deu-
     tungen

Auch das sind wichtige Tipps für eine Textanalyse

- Achten Sie in Texten mit hohen Gesprächsanteilen darauf, wie
  die Dialogpartner miteinander sprechen, welche Gesten sie voll-
  führen und welche Beziehung sie zueinander verdeutlichen. Be-
  rücksichtigen Sie dabei auch Ihnen bekannte Kommunikations-
  modelle.
- Belegen Sie Ihre Deutungsaussagen mit dem Wortmaterial des
  Textes. Verweisen Sie entweder auf sprachliche Besonderheiten
  oder arbeiten Sie mit Zitaten.
- Verwenden Sie für die Beschreibung des Wortmaterials die entsprechenden Fachausdrücke (Wortarten, Satzglieder, rheto-
  rische Figuren, ...).
- Bauen Sie Zitate korrekt in Ihren eigenen Satzbau ein oder arbeiten Sie mit Redeeinleitungen. Vergessen Sie nicht, die Fundstel-
  le anzugeben.
- Schreiben Sie im Zusammenhang. Verlieren Sie den „roten Faden" nicht aus den Augen. Folgt ein neuer Gesichtspunkt, for-
  mulieren Sie nach Möglichkeit eine Überleitung.
- Machen Sie die gedankliche Gliederung Ihres Textes auch äu-
  ßerlich durch Absätze deutlich.